2시간에 끝나는
부가가치세
셀프 신고

2시간에 끝나는
부가가치세
셀프 신고

초판 1쇄 발행 2018년 11월 30일
초판 3쇄 발행 2020년 02월 12일

지은이 최용규
펴낸이 변선욱
펴낸곳 왕의서재
마케팅 변창욱
디자인 꿈지락

출판등록 2008년 7월 25일 제313-2008-120호
주소 경기도 고양시 일산서구 일현로 97-11 두산위브더제니스 107-1306
전화 02-3142-8004
팩스 02-3142-8011
이메일 latentman75@gmail.com
블로그 blog.naver.com/kinglib

ISBN 979·11·86615·36·2 13320

책값은 표지 뒤쪽에 있습니다.
파본은 구입하신 서점에서 교환해드립니다.

이 도서의 국립중앙도서관 출판예정도서목록(CIP)은 서지정보유통지원시스템 홈페이지(http://seoji.nl.go.kr)와
국가자료공동목록시스템(http://www.nl.go.kr/kolisnet)에서 이용하실 수 있습니다.
· CIP제어번호: CIP2018037025

2시간에 끝나는 부가가치세 셀프 신고

최용규 지음

헤리티지
HERITAGE

필자는 세무사가 아닙니다. 택스 코디네이터라는 이름이 걸맞을 겁니다. 세무사가 아닌 사람이 세무 책을 쓴다? 이 책에 모든 답이 나와 있습니다. 누구나 할 수 있고 막상 해보면 어렵지 않은 세무 이야기들을 담았습니다.

3년 전 운영하던 회사의 부도로 모든 것을 스스로 처리해야 할 처지에 놓였던 적이 있습니다. 세무 공부를 하게 된 가장 큰 이유이기도 하고요. 부도 후 변호사를 선임할 돈이 없어 아는 인맥을 통해 1시간 상담료로 20만 원을 주기로 하고 부정수표방지법 상담을 받기로 했습니다. 변호사면 전문가니까 궁금한 부분의 답은 주겠다는 지푸라기라도 잡으려는 간절한 마음으로 현재 상황, 구속 여부, 만약 구속될 심각한 사안이라면 해결 방법 등을 물어보았습니다.

한데 웬걸… 변호사 컴퓨터 화면에 켜진 네이버 검색의 '부정수표방지법', '이거 뭐지? 난 정말 간절한데.' 순간 어이없기도 하였거니와 한편으론 '그래. 나도 네이버 검색은 할 줄 아는데' 법 공부는 그렇게 시작됐습니다. 더불어 셀프 재판이 시작됐습니다. 이 얘기를 할 기회가 다음에 있을 겁니다.

법 공부는 낯선 용어의 반복들이었습니다. 처음에는 굉장히 어려웠습니다. 한데 놀라운 현상을 경험했지요. 이해가 안 되어도 무작정 반복해서 읽었습니다. 그렇게 몇 번을 반복해서 읽다 보니 용어가 친근해지는 경험을 했습니다. 그 문장이 슬슬 이해되더군요.

세무도 마찬가지였습니다. 그 낯선 용어들이 문제였습니다. 용어의 낯섦을 극복하는 법을 터득한 터라 세무는 법보다는 훨씬 수월하게 공부할 수 있었고 종합소득세까지 지금은 셀프로 신고를 하고 있습니다.

개인사업자의 세금 신고는 크게 부가가치세와 종합소득세 2가지로 나눌 수 있습니다. 종합소득세는 이른 시일 내로 선보이겠습니다. 부가가치세는 '매출세액 - 매입세액' 이 공식만 외우면 끝입니다. 아주 간단하죠.

더불어 세무사가 아니기에 그들이 말해주지 않는 비밀도 이 책을 통해 공개할까 합니다. 이 책은 실제 '2시간 안에 부가세 끝내기'란 강의 내용을 위주로 알기 쉽게 풀이했습니다. 약 3개월간 대략 1,000분 정도 사장님들에게 세무상담한 사례 중 꼭 알아야 할 것들도 수록했습니다.

부도 후 '혼자 할 수 있는 건 무조건 혼자 힘으로 처리해보자'라고 마음을 고쳐먹었습니다. 세차 역시 예전엔 무조건 손세차, 지금은 세차도 셀프로 합니다.

셀프 세차와 셀프 신고는 공통점이 있습니다. 첫 경험이라 낯섦에서 비롯되는 어려움이 분명 존재합니다. 좀 귀찮고 번거롭지만 하고 나면 보람찹니다. 하면 할수록 시간은 물론 돈도 절약되죠. 내 일을 혼자 힘으로 하니 그 소중함이 크다는 사실을 알게 됩니다. 막상 해보면 '별것 아니네' 할 겁니다.

책 끄트머리엔 실제 신고 서식에 무엇을 어떻게 기록하는지 사례와 함께 넣었으니 셀프 신고에 더욱더 자신감이 생길 겁니다.

우리나라의 영세한 자영업 사장님들에게 피부에 와닿는 밀접한 세무 관련 지식을 공유하고 나아가 스스로 세금 신고를 할 수 있도록 이 책을 엮을 수 있게 압력(?)을 넣어주시고, 용기도 주시고, 직접 편집에서 교정·교열까지 해주신 정효평 작가님께 가슴 깊이 고맙다는 말씀을 전하고 싶습니다.

무엇보다 아내에게 참 고맙습니다. 정성스러운 내조 덕분에 책을 완성할 수 있었습니다. 영원한 보물 수영, 정윤이에게도 늘 아빠를 응원해줘서 고맙다는 말 전합니다.

늘 아들을 적극적으로 응원하는 어머니와 부족한 사위를 지지해주는 장인, 장모님께 감사드립니다. 더 많은 사장님께서 행복해지는 그 날까지 지치지 않고 서로 독려하며 나아갈 수 있기를 바랍니다. 고맙습니다.

추후 발간될 세금시리즈에도 많은 성원 부탁드립니다.

'2시간에 끝나는 부가가치세 셀프 신고'를 시작하겠습니다.

2018년 9월 11일
택스 코디네이터 최용규

차례

Part 2
부닥치면 헷갈리는
부가가치세 정복

☞ 잠깐 이것만! _알고 보면 쉬운 부가가치세 용어

PART 3
매입의 왕이 되는 방법

PART 4
간이과세사업자라면 이것만 기억하세요

PART 5
세무에 관한 사장님의
궁금증 TOP 29

☞ **잠깐 이것만! _알고 보면 쉬운 부가가치세 용어**

PART 6
왜 세금 책은 세무사만 쓸까?
_ 아무도 말하지 않는 세무사의 영업비밀

Part 7
실전! 셀프Self
신고

PART 1
3가지만 알면 끝나는 부가가치세

매출, 매출액, 매출세액

부가가치세는 간단히 정리하면 '매출세액 − 매입세액'입니다.
이때 매출세액은 뭘까요?

통닭 한 마리를 11,000원에 팔았다고 해보죠. 매출은 11,000원입니다.

> **매출 = 매출액 + 매출세액**

'매출 = 매출액 + 매출세액'(세법에 이렇게 정리해 놓았으니 외워두세요)
매출액의 10%가 매출세액입니다.
통닭 한 마리를 '매출 = 매출액 + 매출세액'으로 풀어보면 다음과 같습니다.

매출	매출액	매출세액
11,000	10,000	1,000

똑같은 방법으로 '매입 = 매입액 + 매입세액'입니다.
통닭 한 마리 재료비가 5,500원이라고 가정하면, 매입은
5,500원입니다.

위와 같은 방식으로 풀어보면 매입은 아래와 같습니다.

매입	매입액	매입세액
5,500	5,000	500

'부가가치세 = 매출세액 – 매입세액'이므로 통닭 한 마리 팔았을
때 부가가치세는 **1,000원 – 500원 = 500원**

이 정도만 이해해도 부가가치세 셀프 신고는 충분히 가능합니다.
참고로 매출세액과 매입세액은 매출, 매입을 11로 나누면 됩니다.

부가가치세 공식은
사칙연산만 알면 끝

일반과세자 부가가치세 계산법은 매우 쉽습니다.

간단하게 정리하면, '부가가치세 = 매출세액 - 매입세액'입니다.

부가가치세 = 매출세액 - 매입세액

일반과세자는 부가세 신고를 1년에 두 번 합니다. 7월에 한 번 (1월~6월), 그다음 해 1월에 한 번(7월~12월)입니다.

이렇게 두 번 신고하면, 한 해 총매출액이 나올 것이고 그 총 매출액이 종합소득세 수입금액의 과세표준이 됩니다.

두 번 신고된 총매출 합계가 1억 1,000만 원이라고 가정하면,

1억 1,000만 원 = 1억 + 1,000만 원('매출 = 매출액 + 매출세액')

종합소득의 수입금액은 매출액 즉 1억이 과세표준이 됩니다.

부가가치세 신고를 기반으로 종합소득세의 수입금액이 책정되며, 종합소득세 신고를 기반으로 각종 연금과 의료보험 등이 책정되므로 부가세 신고가 모든 세금의 출발점이 됩니다.

부가가치세 간단 사례 _
일반과세, 간이과세

식당을 운영하는 김 사장님은 부가가치세 신고를 앞두고 있습니다. 미리 얼마를 내야 할지 알고 싶습니다.

1~6월까지 카드 매출(현금영수증 포함)은 2,455만 원, 현금 매출은 405만 원입니다. 그리고 매입계산서는 440만 원을 받아두었지요. 부가가치세는 '부가가치세 = 매출세액 – 매입세액'입니다.

김 사장님이 일반과세 사업자라면,

총매출 2,860만(2,600+260)이므로 매출세액은 260만 원.

총매입 440만(400+40)이므로 매입세액은 400,000원.

신용카드 매출세액공제 2,455만 × 1.3% = 319,150원.

260만 원 – 400,000원 – 319,150원 = 1,880,850원

납부해야 할 부가가치세는 1,880,850원입니다.

김 사장님이 간이과세 사업자라면,

'부가가치세 = 납부세액 − 공제세액'입니다.

납부세액은 2860만 원 × 10% × 10%(음식업종 부가가치율)

= 286,000원

공제세액은 400,000원 × 10%(음식업종부가가치율) = 40,000원

신용카드 매출세액공제 2,455만 × 2.6% = 638,300원(음식/숙

박업만 2.6% 적용)

286,000원 − 40,000원 − 638,300원 = −392,300원

간이과세 사업자는 부가가치세 환급을 받을 수 없으므로 납부해야 할 부가가치세는 0원입니다.

여기서 간이과세자와 일반과세자의 세금 차이가 매우 크다는 것을 알 수 있습니다. 따라서 일반과세로 전환되면 지금보다 매입세금계산서를 훨씬 더 잘 챙겨야 세금을 줄일 수 있다는 결론이 나옵니다.

그리고, 할 수 있으면 간이과세 사업자로 시작하는 게 좋겠지요?

포스기 숫자가 매출이 아닙니다!

일반과세자 기준으로 설명하겠습니다. 부가가치세를 신고하려면 매입과 매출을 알아야 합니다.

매출은 포스기에 찍힌 숫자가 아닙니다. **'세금계산서 발행분 + 카드 매출분 + 현금영수증 발행분'**을 말합니다. 총매출이라고 합니다

(48쪽, '드러난 매출, 숨겨진 매출'을 참고하세요.)

예를 들면, 오늘 하루 100만 원 매출을 올렸는데(식당은 세금계산서를 발행하지 않으니 생략하겠습니다), 이 중 카드 매출이 50만 원, 현금 매출이 50만 원이라고 해봅시다(이 중 30만 원은 현금영수증 발행).

매출은 100만 원이 아니고 80만 원(카드 매출 + 현금영수증 발행분)이 되는 것입니다.

매입은 다음을 가리킵니다.

첫째, 매입한 물건 중 거래처로부터 매입세금계산서를 발행받은 것을 말합니다.

둘째, 임대료는 건물주가 세금계산서를 발행해 주지 않으면 매입으로 인정되지 않습니다.

셋째, 식자재를 구매할 때도 거래처가 세금계산서를 발행해 주지 않으면 매입으로 인정되지 않습니다.

넷째, 제세공과금(전기료, 통신료 등)은 각 해당 업체에 등록하면 100% 매입세금계산서 발급받을 수 있습니다.

다섯째, 인건비는 매입과는 상관없습니다.

낯선 용어들의 반복으로 처음에는 다소 어려울 수도 있습니다. 당장 내일 부가가치세 신고 날도 아니니 천천히 반복해서 읽어보세요.

5 매입 때는 반드시 적격증빙을 발급받으세요

부가가치세를 아주 간단하게 설명하면, '매출세액 - 매입세액' 입니다. 여기서 '- 매입세액'을 매입세액공제(흔히 매입공제로 축약해 부릅니다)라고 합니다. 객관적인 증빙으로만 처리되므로, 적격증빙을 수취하는 것이 대단히 .중요합니다.

'적격증빙'이라 함은 사업과 관련한 지출을 아래 유형으로 처리했을 때를 가리킵니다.

세금계산서, 계산서, 신용카드, 체크카드, 현금영수증

단, 주의할 점이 있습니다. 일반영수증이나 거래명세서, 간이영수증 등은 부가가치세 신고 때 공제되지 않으므로 반드시 매입 때는 거래상대방에게 적격증빙을 발급해 달라고 요구하는 것입니다.

만일 재료비 110만 원, 임대료 88만 원, 공과금 33만 원에 해당하는 세금계산서를 받았다면, '매입 = 매입액 + 매입세액' 공식에 따라 차례대로 110 = 100 + 10, 88 = 80 + 8, 33 = 30 + 3. 그러면 총 매입공제는 **10만 원 + 8만 원 + 3만 원 = 210,000원**입니다.

6

의제매입세액 공제

제조업을 운영하는 사업자가 부가가치세를 면제받아 공급받은 농·수·축·임산물을 원재료로 제조 또는 가공한 물품을 판매할 때는 그 면제되는 물품의 가액에 업종별, 종류별로 재무부령이 정하는 일정률을 곱해서 계산한 금액을 매입세액으로 공제할 수 있는데, 이러한 제도를 의제매입세액 공제라고 합니다(부가가치세시행령 제62조 1항).

좀 쉽게 풀이하면 음식업자가 면세사업자로부터 구매하는 농산물 구매가액 중 일정 비율을 매입세액으로 인정해 부가가치세를 돌려주는 제도입니다.
음식점, 카페, 디저트 등을 운영하는 사업자분들에게는 부가가치세가 항상 부담입니다. 따라서 과세관청에서는 면세인 농산물, 축산물, 수산물 등을 매입해 가공하고 과세로 판매하는 사업자에 대해서 의제매입세액 공제라는 제도를 둬 면세계산서 매입에서도 일정률(음식점의 경우 $\frac{8}{108}$ 또는 $\frac{9}{109}$)을 부가가치세로 공제해 주도록 하고 있습니다.

음식점이나 카페 관련 사업하는 분들은 반드시 면세계산서를 잘 받아서 부가가치세 의제매입세액 공제를 잘 챙겨 받기 바랍니다.

간이과세자의 경우 의제매입 한도는 없으나 의제매입세액이 납부세액을 초과할 때에는 그 초과하는 부분은 없는 것으로 간주합니다.

쉽게 사례를 하나 들어볼게요. 업종은 음식, 종목은 한식을 운영하는 음식점이 있습니다. 1분기(1월~6월)에 농산물을 3,240만 원어치 구매하고 면세계산서를 받았다면 의제매입세액은

$$3{,}240만\ 원 \times \frac{9}{109}\ (음식점\ 공제율) = 267만\ 원$$

267만 원만큼 매입세액 공제를 받을 수 있습니다.

2018년 세법 개정 후 음식점 의제매입세액 공제율은 매출 규모에 따라 $\frac{9}{109}$로 인상됐습니다.

명심해야 할 점은 간이과세 사업자의 의제매입세액 공제는 음식점업만 공제받을 수 있다는 겁니다. 구체적으로 이렇습니다. 음식점을 운영하는 간이과세자는 **과세표준의 5%**에 해당하는 매입금액에 대해서 비사업자인 농어민이나 개인으로부터 직접 공급받은 면세농산물 등의 가액을 의제매입세액으로 공제받을 수 있습니다.
방법은 의제매입세액 공제신고서를 제출하면 되는데, 면세농산물 등을 공급한 농어민의 성명, 주민등록번호, 건 수, 품명, 수량, 매입 가액을 기재하여 제출하면 됩니다.

7

음식점 의제매입세액 공제 한도

음식점 기준으로 대표적인 면세품은 농·축·수산물과 임산물, 미가공 식료품(소금, 젓갈류, 단무지 등)입니다.

위 품목들은 면세품으로 계산서를 받는데, 부가가치세 신고 시 의제매입세액으로 공제를 받습니다('29쪽 의제매입세액 공제'를 참고하세요).

의제매입세액 공제율(개인사업자 기준)

연 매출	공제율
4억 이하	$\dfrac{9}{109}$
4억 초과	$\dfrac{8}{108}$

만약, 음식점을 하는 김 사장님이 1년 매출이 4억 원이 안 될 경우, 돼지고기를 5,000만 원 매입하고 계산서를 받았다면 약 413만 원 정도 의제매입세액 공제를 받을 수 있습니다.

과세표준에 따른 의제매입세액공제 한도

구분		개정후	
		음식점업	일반업종
법인사업자		40%	
개인사업자	과세표준 1억 원 이하	65%	55%
	과세표준 2억 원 이하	60%	
	과세표준 2억 원 초과	50%	45%

예를 들어, 연 매출이 8,000만 원인 음식점에서 면세 식자재를 6,000만 원 샀다면 의제매입세액이 적용될 수 있는 한도는 6,000만 원 전체가 아니고, 8,000만 원 × 60% = 4,800만 원이 됩니다.

알고 보면 쉬운
부가가치세 용어

❶ 과세, 과세기간, 신고납부 기간

'과세'는 세무서에서 세금을 부과하는 것을 뜻합니다.

'과세기간'은 종합소득세, 법인세, 부가가치세 등과 같이 일정한 기간의 과세표준을 계산하게 되는 시간적 단위를 말합니다.

예를 들면, 종합소득세 과세기간은 매년 1월 1일부터 12월 31일까지이고, 부가가치세는 1월 1일부터 6월 30일까지를 제1 과세기간, 7월 1일부터 12월 31일까지를 제2 과세기간으로 규정하고 있습니다.

'신고납부 기간'은 종합소득세, 법인세, 부가가치세를 신고하고 납부하는 기간을 말합니다.

예를 들면, 종합소득세는 5월 1일부터 5월 31일까지, 부가가치세는 1월 1일부터 1월 25일까지, 7월 1일부터 7월 25일까지입니다.

❷ 세금계산서, 계산서

지출 증빙에는 판매자와 구매자가 모두 표시되는 특징이 있습니다.

이에 해당하는 것이 세금계산서와 계산서, 카드영수증, 현금영수증

입니다.

판매자가 표시되고 구매자는 나타나지 않는 간이영수증은 비적격증

빙이라고 합니다.

'세금계산서'는 부가가치세가 붙는 물건 거래 시 주고받는 증명서.

'계산서'는 면세품 즉 부가가치세가 붙지 않는 물건 거래 시 주고받는

증명서.

현실적으로 모든 거래에서 세금계산서를 받기는 쉽지 않으므로 일정한

증명에 대하여 계산서에 세금계산서와 같은 효력을 부여하고 있습니

다. 카드로 구매한 경우의 영수증 혹은 현금영수증이 이에 해당합니다.

면세품이 아닌 과세품을 사면서 카드영수증이나 현금영수증을 받으

면 세금계산서를 받지 않아도 매입세액으로 공제받을 수 있습니다.

PART 2

부닥치면 헷갈리는 부가가치세 정복

1

사업자라면 공공요금도 세금계산서 발급해 줍니다

부가가치세 신고 때 전기요금, 가스요금, 통신비 등과 같은 공과금 공제가 가능하다는 사실을 알고 계셨나요?

모르셨다면 이번에 확실하게 알아서 부가가치세 신고 때 매입계산서를 꼭 받아놓으세요. 공과금에 포함된 부가가치세는 상대적으로 적다고 생각하기 쉽지만, 티끌 모아 태산이라는 말처럼 잘 챙기면 확실한 도움이 됩니다.

공공요금에 포함된 부가가치세를 세금계산서로 발급받으려면 사업자 번호로 명의를 신청해야 합니다. 개인이 아닌 사업자 명의로 기재된 공공요금 영수증은 세금계산서와 같은 효력이 있습니다.

전기사용료 명의변경 방법은 전기사용변경신청서, 임대차계약
서사본, 주민등록증사본, 사업자등록증 사본이 필요하고, 한
국전력공사 고객센터 123으로 전화 요청하면 됩니다.

유선전화와 인터넷 사용료는 고객센터 전화번호만 다를 뿐 대
게 신청방법은 같습니다.

사업자 본인의 휴대전화 사용요금도 부가세 매입공제가 가능
하니, 각 통신사 114로 전화해서 사업자 명의로 전환 신청하
세요.

질문　통신판매업의 사업자등록 주소가 집으로 되어있습니다. 공과
금 매입공제가 가능한가요?

답변　통신판매를 처음 시작하는 사장님 대다수가 집 주소로 시작하
는 경우가 많은데요. 이런 경우라면 전기요금 공제는 어렵고, 인
터넷 사용료, 사장님 본인 명의 휴대전화는 매입공제가 가능합
니다.

전기요금도 원칙적으론 컴퓨터 사용분에 한해선 매입공제가
가능하지만, 현실적으로 구분 자체가 불가능하기에, 전기요금
은 매입 불공제랍니다.

2

일반과세로 전환 때 부가가치세 신고

일반과세 전환통지서를 받으신 사장님들 많으시죠?

많은 분이 문의하고 또 헷갈려들 하는데, 쉽게 정리하겠습니다. 올해 일반과세로 전환통지서를 받으신 분들은 올해 7월 25일까지 부가가치세를 신고·납부해야 합니다.

주의할 점은 7월 부가가치세 신고 때는 간이로 신고하면 되고, 내년 1월 부가가치세 신고는 일반과세자로 신고·납부하면 된다는 것입니다. 그러니 7월 매입부터는 꼼꼼히 신경 써야겠죠?

일반과세 전환 사장님들은 반드시 짚고 넘어가세요.

7월은 일반과세 부가가치세 신고·납부하는 달입니다(물론 일반과세 전환 통지받은 사장님들도 해당합니다). 알다시피 부가가치세는 드러난 매출·매입만으로 신고하므로 제아무리 재능이 뛰어난 세무대리인들도 어떻게 해줄 도리가 없습니다.

드러나지 않는 매출은 손님들한테 현금 유도(?)하는 방법이 유일하기에 별수가 없다는 말입니다(필자부터도 현금 안 쓰고 카드 씁니다). 결국, 매출은 전부 드러난다고 보면 됩니다.

부가가치세 납부금액을 줄이는 최고의 방법은 매입 자료를 최대한 확보하는 것입니다(앞서 언급했던 공과금, 월세, 재료비 등등).

부가가치세는 간단해서 어느 정도 미리 계산할 수 있습니다. 6월 말이라면 1월부터 현재까지 매출과 매입을 집계해서, 대략 큰 그림을 그려 놓습니다. 당연히 매입 자료가 부족하다고 느낄 겁니다. 매입 자료가 빠진 건 없는지 이때부터 점검해야 합니다.

7월부로 일반과세 전환통지를 받은 사장님들은 7월 신고는 간이과세자로 하기에 세금부담은 적을 것입니다(간이과세자, 일반과세자 계산방식이 크게 달랐죠).

그러나, 7월부터는 무조건 매입 자료 받아야 합니다. 간이과세자일 땐 자료 없이 10% 싸게 사는 게 득이지만, 일반과세자일 땐 줄 돈 주고 무조건 매입세금계산서 받아야 합니다.

부가가치세 신고와 관련한 날짜를 달력으로 만든다면 아래와 같겠네요.

월	내용	
1월	25일	2기 부가가치세 확정신고·납부
2월	10일	면세사업자의 사업장 현황신고
4월	25일	1기 부가가치세 예정신고·납부
5월	31일	종합소득세 신고·납부
6월	30일	성실신고확인대상 종합소득세 신고·납부
7월	25일	1기 부가가치세 확정신고·납부
10월	25일	2기 부가가치세 예정신고·납부
11월	30일	소득세 중간예납분 분납

부가가치세 신고
매입 체크리스트

부가가치세 신고는 매출은 드러나므로 최대한 잡을 수 있는 매입이라면 뭐든지 확보해야 합니다. 매입 자료 가능한 리스트는 다음과 같습니다. 사업자 명의로 전환하지 않은 것들이 있다면 하루라도 빨리 전환해서 세금계산서를 받으세요. 매입 자료 확보로 부가가치세는 줄일 수 있습니다.

구분	체크리스트
재료비	식당이라면 식자재 구매, 미용실이라면 재료 구매 등
월세	건물주가 간이과세자라면 종합소득세 비용 처리만 가능
공과금	전기, 가스, 인터넷, 휴대전화, 일반전화, 보안업체, 정수기

크게 정리하면 부가가치세 매입공제를 받을 수 있는 건 이상
이 전부입니다.

인건비는 부가세와는 상관없습니다만, 직원 등록 때 종합소득
세 비용 처리는 가능합니다.

4

부가가치세 자료가 남는데 판다고요?

이 글은 민감해서 조금은 조심스럽습니다. 부가가치세를 계산하는 공식은 이제 외우셨나요?

'부가가치세 = 매출세액 − 매입세액' 매입 자료는 늘 부족할 수밖에 없습니다(마진이 존재하므로).

일반과세자는 물건을 싸게 사지 말고, 자료를 더 받는 게 득인데, 이건 믿을 만한 거래처(계속 거래하고, 흥정이 가능한 주 매입처)일 때를 말합니다. 자료상에서 매입 자료를 사라는 소리가 아닙니다. 가공자료 거래는 불법입니다. 걸리면 기존에 내야 할 부가가치세보다 훨씬 더한 가산세를 내야 합니다.

가입한 인터넷 커뮤니티사이트에서 생판 모르는 사람에게서
'자료가 남으니 팔아요' 이런 글에 현혹되지 마세요.
자료가 아무리 부족해도, 차라리 세금 내는 게 맘 편하지, 모
르는 사람한테서의 자료는 사는 게 아닙니다. 꼭, 주의하세요!

5

드러난 매출, 숨겨진 매출

부가가치세 신고 기준으로 매출은 '드러난 매출' '숨겨진 매출'로 구분할 수 있습니다.

최근 배달 앱(애플리케이션) 매출을 두고 신고를 해야 하는지 말아야 하는지 질문이 많습니다. 앱 매출은 드러난 매출입니다. 그러므로 반드시 신고해야 합니다.

치킨집을 운영하는 김 사장님이 있습니다.

매장 매출(신용카드, 현금영수증), **앱 매출**(결제방식에 상관없이 전액)

위 두 매출은 무조건 신고해야 하는 매출입니다. 모호할 땐

이 매출이 드러난 건지, 숨겨진 건지 먼저 구분하고 이 구분조차 어려우면 그냥 신고하세요. 나중에 매출을 축소한 사실이 밝혀지면 수정신고에 가산금까지 붙어 심한(?) 두통에 시달릴 수 있습니다.

매장 매출 집계는 관리하는 카드사에 전화하면 기간 매출 집계표(신용카드, 현금영수증)를 팩스로 받든, 불러주든 합니다. 앱 매출은 앱 홈페이지에 나온 기간 내 전체 매출을 그대로 신고하면 됩니다.

간혹 앱 매출을 빼서 낭패를 보는 사장님들을 보는데, 이 책을 읽으시는 사장님들은 그러면 안 됩니다(숨겨진 매출인, 매장 판매 현금 수령 현금영수증 미발급분은 적당히 요령껏!). 숨겨진 매출을 어떻게 신고할지는 잠시 후에 밝히겠습니다.

직원 회식비는 부가가치세 매입공제 받아요

질문 직원 회식비는 부가가치세 매입공제가 된다는데?

답변 가능합니다. 대신 증빙(신용카드나 현금영수증)을 확보해야 합니다 (원칙은 회식 시 사장님 본인 금액은 제외. 법이 좀 웃깁니다). 당연히 등록한 직원이 있어야 합니다. 한 가지 주의할 점은 회식하는 식당 또는 술집이 간이과세 사업장이라면 인정이 안 된다는 겁니다.

질문 거래처 직원들 밥을 사줬는데 매입공제가 되나요?

답변 부가가치세 매입공제는 안 되고, 종합소득세 접대비 계정으로 비용 처리는 할 수 있습니다. 간혹 간이영수증을 받는 때도 있는데, 종합소득세 신고 때만 3만 원 미만의 간이영수증은 비용 처리를 받을 수 있습니다."

7

현금 매출을 신고해 말아?

원칙으로는 모든 매출은 누락 없이 신고해야 합니다. 하나, 이를 제대로 지키는 사업자는 거의 없을 듯합니다. 그럼 현금 매출을 어떻게 해야 할까요?

매출을 드러나는 매출, 드러나지 않는 매출로 구분하면, 신용카드, 현금영수증 발행분은 드러나는 매출이고, 매장에서 현금으로 받는 매출은 드러나지 않는 매출입니다(현금 매출은 드러나지 않기에 국세청이 알 방법이 없습니다).

그럼 신고를 안 해도 문제가 없나요? 영세 사업자는 세무조사를 나오지 않습니다(몇몇 특별한 경우를 빼면 말이죠).

만약 현금 매출을 이번 부가가치세 신고 시 하나도 신고하지 않았다면, 빠르면 다음번 부가가치세 신고 시 안내장이 옵니다(안내장으로 오기도 하고, 홈택스 내 신고도움서비스로도 확인 가능). 그러고 나서 그 안내장 내용을 토대로 조금 더 신경 써서 다음에 신고하면 됩니다.

굉장히 조심스러운 이야기지만, 사장님들 처한 상황에 맞게끔 잘 판단하면 될 듯합니다.

8

부가가치세 환급이 발생할 때 대처법

부가가치세는 '매출세액 – 매입세액'

만일 부가가치세를 환급받는다면 매입세액이 더 크다는 말인데요. 식당업을 하는데 환급을 받는다(그럼 매출보다 매입이 더 많았다는 것입니다. 오픈 초창기엔 그럴 수 있습니다. 인테리어, 집기 구매 등 큰돈이 매입공제가 되므로)

그런데, 다음 부가가치세 신고 때 또다시 환급을 받는다(이때는 순수히 재료구매비, 월세, 공과금이 전부인데)? 이런 경우라면 아무리 영세 자영업자더라도 국세청에서 관심 있게(?) 지켜보겠죠. 개장 후 첫 부가가치세 신고 환급은 이해되지만, 연속해서 환급은 상식 밖의 진행입니다.

이럴 땐 차라리 매입을 줄이세요. 종종 쓰는 방법인데, 흥정 가능한(신뢰 관계가 구축된) 주 매입처에 이번 분기 말고 다음 분기로 매입 자료를 끊어 달라고 부탁하는 겁니다(미리 이야기하면 뜻밖으로 많은 매입처가 흔쾌히 응해 줍니다).

"매입 자료를 다음 분기로 이월해주시면 안 될까요?" 이렇게 말입니다.

부가가치세 환급을 연속적으로 받는다는 건 조금 위험할 수 있습니다. 매입 자료를 이월하든지, 누락이라도 해서 단돈 만 원이라도 납부하는 게 맞습니다.
꼭 유의하세요.

9

이 정도까지는 매입공제 괜찮아요

적격증빙에 관해서는 앞에서 읽으셨으니 이제 아시죠? 원칙은 적격증빙일 때만 매입공제, 경비 처리 등이 가능한데, 약간의 융통성(?)은 적용될 수도 있습니다.

식당을 운영하는 김 사장님, 아들이 컴퓨터가 필요해서 본인 신용카드로 구매했다면? 필자라면, 매입공제를 받겠습니다(원칙은 사업 관련 지출이 아니므로 불가능하나, 사업에 관련한 지출이라 우기면 확인하기 어렵죠).

단, 이런 매입공제를 악용해서, 환급을 받거나, 이런 일이 자주 발생하거나, 금액이 지나치게 크다면 당연히 원칙대로 매입공제를 받으면 안 됩니다.

이번 부가가치세 신고하는데 매입 자료가 턱없이 부족할 때는
이런 것도 은근슬쩍 넣어주자고요.

'배달의 민족' 같은 앱 매출 신고법

배달의 민족 같은 앱 매출신고를 잘해야 합니다. 신고해야 하는지 말아야 하는지, 중복된 것 같은데 등등 궁금증이 쏟아집니다.

제일 확실한 방법은 각 앱에서 수수료 부분에 대한 매입계산서를 발행해 준다는 데 있습니다. 이걸 토대로 계산하는 방법이 가장 정확합니다. 예를 들어보겠습니다.

매출	
매출구분	건별 매출
매출	24,919,726원
부가세	2,491,987원
합계	**27,411,713**원
매출구분	현금 매출
주문금액	2,447,624원
부가세	244,763원
합계	**2,692,387**원

건별 매출과 현금 매출을 합하면 27,411,713원 + 2,692,387원 = 30,104,100원

여기에 앱 수수로 3%를 적용하면 매입계산서 금액인 903,123원(수수료, 공급가액)이랑 일치합니다. 그러므로 위 경우는 건별 매출과 현금 매출을 합한 금액이 정확한 매출이 되는 것입니다.

매입	
발행처	○○결제
건수	3건
수수료(공급가액)	903,123원
수수료(부가세)	90,080원
수수료(합계)	**993,203**원

주의사항이 있습니다. 현금 매출을 엑셀 다운로드하여 홈택스 현금영수증 매출과 비교해보고 만약 중복됐다면 건별 매출만 신고하면 됩니다. 앱마다 일관된 룰이 있지 않고, 제각각 다르니 꼭 중복체크하세요

11

부가세 환급대상인데 신용카드 매출세액공제는 받을 수 있나요?

부가가치세 신고 시 환급받을 세액이 있으면, 신용카드 매출세액공제(1.3%)를 못 받는지에 관한 의문점이 있습니다. 신용카드 매출세액공제는 납부세액에서 차감하여 공제받을 수 있는 것이므로, 납부세액이 없다면 공제 자체가 불가능합니다.

5월 치킨집을 창업한 김 사장님은 카니발 9인승을 부가세 환급목적으로 구매했습니다. 7월 부가세 신고 시 당연히 매입공제를 받고 나니 부가세가 환급됐습니다. 한데 부가세 환급대상이 되니. 신용카드 매출세액공제가 안 되는 겁니다. 결국, 이번 분기 신용카드 매출세액은 전혀 공제받지 못하니 손해(?)가 이만저만이 아닙니다.

차라리 카니발을 7월에 구매했다면, 내년 1월 부가세 신고 때, 7~12월 매출이 당연히 크겠죠(위 사례는 두 달 매출만 적용됐으니까요). 그럼 카니발도 매입공제 받고, 신용카드 매출세액공제도 받았을 겁니다.

12

신고는 했는데,
납부를 못 했어요

질문　셀프로 신고는 마쳤는데. 깜빡하고 납부를 못 했어요. 어쩌죠?

답변　오늘이라도 납부하면 된답니다.

납부기한 내 세금 미납 시 불이익은 이렇습니다.

❶ 가산세 및 가산금 부과

납부기한이 지나도록 세금을 내지 않거나 내야 할 세금보다 적게 낸 때에는 납부불성실가산세를 추가로 내야 합니다.

추가로 체납된 국세가 100만 원 이상인 때에는 납부기한이 지난날부터 매 1개월이 지날 때마다 1.2%의 가산금이 5년 동안 부과됩니다(이런 이유로 체납 사실을 알게 된 즉시 납부해야 돈이 절약됩니다).

❷ 체납 처분

세금을 체납하게 되면 세무서에서는 체납세액을 징수하기 위해 체납자의 재산을 압류하며, 그래도 세금을 내지 않으면, 압류한 재산을 매각합니다.

부가가치세 납부기한 연장 신청해보세요

분납이 불가능한 부가가치세의 경우 사업이 어려워지는 등의 일정한 사유에 해당하면 납부기한 연장 신청을 할 수 있습니다.

납부기한 연장 신청을 할 때 3개월에서 최대 9개월까지 납부기한을 연장해 부가세를 나누어 낼(분납) 수 있습니다. 납부기한 연장 신청은 신고납부기한 3일 전까지 신청해야 하며, 혹 3일 전까지 신청할 수 없는 정당한 사유가 있을 때는 신고·납부기한일까지 신청할 수 있습니다.

납부기한 연장 신청을 하려면 연장하려는 사유에 관련된 자료와 신청서를 관할 세무서에 제출하고, 관할 세무서에서는 사유에 따라 담보제공을 요구하거나 사업체의 현황 등을 판단해 승인 또는 거부에 관한 통지를 하게 됩니다.

위 내용은 교과서적이고, 사업을 하다 보면 운영이 어려워지면서부터 세금조차 부담이 됩니다. 이럴 때는 꼭 신고 3일 전까지 관할 세무서에 방문해서 담당 직원을 찾아가, 최대한 불쌍하게 말하되, 성실히 분납하겠다는 의지를 보여주면 거의 다 받아줍니다(공무원들을 만날 때 아는 척은 절대 금지. 전 아무것도 모르는데 어디서 그러더라. 그래만 주면 꼭 성실히 분납할 테니, 이왕지사 해주신다면 최대한 길게 해달라, 부탁드린다는 식이면 되겠습니다).

세무서 직원들은 뜻밖으로 많은 재량권(?)이 있습니다.

14

사업자등록 전 세금계산서

많은 분이 궁금해하고, 심지어는 사업자등록증 발행 전 매입은 매입공제가 안 된다는 잘못된 세무 상식을 가진 분들이 주위에 엄청나게 많습니다.

사업자등록 전 매입세액은 과세기간 종료일로부터 20일 이내에 사업자등록을 신청한 경우, 공급 시기에 속하는 과세기간의 개시일부터의 매입은 공제가 가능합니다.

예를 들면, 내년 1월 20일까지 사업자등록을 한다면, 올해 7월 1일 이후의 매입세액에 대해서 매입세액 공제가 가능합니다.

세금계산서, 신용카드 매출분, 현금영수증 등 적격증빙에 표시된 세액은 매입세액공제가 가능합니다. 특히, 세금계산서는 주민등록번호, 성명, 주소를 기재하면 됩니다.

같은 장소에서 카드로 구매했는데 섞여 있어요

적격증빙이라는 말은 세무 처리에서 매우 중요한 단어입니다. 사업과 관련된 제품을 증빙 가능한(세금계산서, 신용카드, 현금영수증) 형태로 구매하는 것입니다(두 가지가 동시에 적용돼야 합니다).

식당을 운영하는 김 사장님이 있습니다. A 마트에서 물건을 샀는데 식당에 필요한 각종 양념과 때마침 신고 있던 양말이 더러워 본인 명의 신용카드로 양말을 동시에 결제했습니다. 이런 경우 적격증빙은 어떻게 될까요?

일단 신용카드로 구매했으니 증빙처리는 되는데 각종 양념은 적격증빙이 되고 양말은 비적격증빙(사업과 연관성이 없으니)입니다.

문제는 동시에 구매, 결제했다는 겁니다(원칙은 따로따로 구분해서 구매,

결제해야 합니다). 세금 신고 때 역시 이런 문제에 부닥쳐 본 적 있
으시죠?

여기에 관한 답변은 가장 조심스럽고 모호한데, 일단 매입공
제 받습니다(단 이런 경우가 자주 발생하지 않아야 하고, 금액도 많지 않다는 전제하
에).

다음부터는 꼭 따로따로 구매해야 합니다. 사장님이라면 오늘
부터라도 매입 장부를 만들어 기록·관리 하세요. 절세의 시
작은 매입 장부를 만드는 때부터입니다.

홈택스 신고 땐 주 거래처는
똑같은 신용카드로

신용카드로 하는 매입 역시 사업에 관련된 지출이라면 적격 증빙입니다. 홈택스로 셀프 신고를 해본 사장님들이라면 번거로운 경험들 해보셨지요?

일일이 카드번호를 찍어야 하고 매입처 사업자 번호와 공급가액을 적어야 합니다. 홈택스 셀프 신고를 좀 더 쉽고 편리하게 하려면 매입이 빈번한 거래처는 똑같은 신용카드로만 결제하세요. 그러면 건건히 입력할 필요가 없고 그냥 합계금액을 기록하면 됩니다. A 마트에서 1~6월간 총매입액이 330만 원이고 총 24번 결제했다면,

신용카드 번호	거래처 사업자 번호	건수	공급가액 (매입액)
000000000	000 - 00 - 0000	24건	3,000,000

이렇게 홈택스에 신고하면 됩니다. 그런데 똑같은 거래처에서 신용카드를 각기 다른 카드를 사용했다면, 크게 번거로워지겠죠?

홈택스 부가세 신고를 조금 더 편하게 이용하고자 한다면, 똑같은 거래처에서 매입이 빈번할 때 똑같은 신용카드를 사용하면 건당 일일이 입력하지 않고 합산해 한 번에 처리할 수 있습니다.

7,000원인가 10,000원인가?

질문 배달대행업체에서 10,000원을 고객한테서 받았고, 배달비 3,000원을 제외한 나머지 7,000원을 실제 받았다면 나의 매출은 10,000원인가요 7,000원인가요?

답변 실매출은 10,000원입니다. 고객이 배달대행업체에 주문한 게 아니고 사장님한테 주문한 것이기 때문입니다.

그럼 대행비 3,000원은? 이 부분은 대행업체에서 매입세금계산서를 받으면 됩니다.

18

인테리어 비용 환급받으려면
일반 또는 간이?

A 씨는 미용실을 오픈하려고 준비 중입니다. 인테리어 비용을 5천만 원 정도 예상하는데, 주위에서 간이과세는 부가세 환급이 안 되니 일반과세로 등록하는 게 맞는다고 합니다. A 씨는 간이로 해야 하나요 일반으로 해야 하나요?

이와 비슷한 질문을 하는 사장님들이 꽤 있는데, 조금은 모호합니다. 사장님의 예상 매출 규모를 구체적으로 알아야 하고, 그러려면 대면 상담을 해야 하므로 그렇습니다. 장사도 안 했는데, 예상 매출을? 이것부터가 약간은 모순입니다.

일단 필자 같으면 간이로 출발할 듯합니다. 왜냐하면, 일단 5천만 원 자료를 받으려면 인테리어 업자에게 부가가치세 500

만 원을 추가로 줘야 합니다. 그럼 아래 방식의 셈법도 도움이 될 겁니다.

8월 오픈했다면 일반이라고 할 때 내년 1월 부가가치세 신고를 해야 하고, 5월 종합소득세까지 인테리어 비용은 영향을 미치기에 부가가치세와 종합소득세 합친 금액이 500만 원이 안 나올 것 같으면 무조건 간이과세자로 시작하는 게 맞습니다.

당연히 간이로 출발하니 자료 없이 싸게(500만 원을 추가로 줄 필요는 없겠지요.) 인테리어 비용을 주는 게 맞습니다.

이런저런 사례 연구를 해봤는데, 보통은 무조건 간이로 시작하는 게 유리합니다.

19

미용학원의 재료에 대한 부가가치세 면세

질문 미용학원을 운영하고 있는데 수강생에게 받은 돈은 수강료 + 재료비로 구성됩니다. 미용 재료는 별도로 판매하지 않으며 헤어 과정, 메이크업 과정 등 각 과정에서 필수적인 교육재료이기 때문에 수강할 때만 제공하고 있습니다.

우리 학원의 경우 수강료와 재료비의 비율이 7:3 정도이고 면세사업장이므로, 재료비 또한 면세로 해도 되나요?

답변 정부의 허가 또는 인가를 받은 학교, 학원, 강습소, 훈련원, 교습소 등은 부가가치세법 제12조 제1항 제5호에 규정하는 교육용역으로서 부가가치세가 면제되는 것으로 해당 수업과 관련된 교재와 재료비를 받는 대가도 면세 대상에 해당합니다.

상가매매 시 부가가치세

상가를 구매하는 사람은 본인이 직접 그 상가를 사용하기 위한 때도 있지만, 임대하려는 경우가 압도적으로 많습니다. 다시 말해, 임대사업자로 등록하고 임대료를 받기 위해 많이들 매입합니다. 이럴 때 부가가치세 납부를 했다가. 다시 환급을 받아야 할까요?

포괄양수도 계약은 상가매매 시 묘수가 될 수 있습니다. 금방 돌려받을 부가세를 굳이 납부하고 환급하는 과정이 번거롭고 실익이 없다고 보고, 이때 과정을 생략하는 방식이 포괄양수도 계약입니다. 요컨대, 포괄양수도 계약이란 매도를 하는 사람도 현재 임대사업자이고 매수를 하는 사람도 향후 임대사업자로 등록할 거라면 굳이 부가가치세를 주고받지 않겠다고 계약서상에 명시하는 것입니다.

매도하는 사람은 상가건물뿐만 아니라 상가를 목적으로 하는 임대사업도 양도한다는 것을 명시하는 것이지요.

매수인은 반드시 임대사업자등록을 해야 합니다. 만일 매수인이 부가세를 내지 않을 속셈으로 자기가 직접 영업할 목적으로 상가를 구매했다면 매도인은 나중에 부가세를 내야 합니다(만일 그런 경우가 발생했다면 매도인으로서는 포괄양수도 계약서가 증빙이 되겠지요).

포괄양수도 계약 시 매도인이 일반과세자이면 매수인도 일반과세자가 됩니다(사업 자체를 그대로 양도받은 것이라).

3년 전 구매한 경차 팔려니 세금계산서를 요구합니다

질문 3년 전 경차를 구매하고 부가세를 환급받았습니다. 이 차를 팔려고 알아보고 있는데, 중고 매매상에 판매할 때 세금계산서를 발행해줘야 한다는데 맞는 건가요?

답변 사업 목적으로 3년 전 경차를 구매했고, 매입공제 후 부가세 환급을 받으셨다면, 당연히 매매상에게 세금계산서를 발부하셔야 합니다.

단, 개인한테 직거래로 판매했을 때는 발부하지 않습니다(세금계산서는 사업자 대 사업자의 관계일 때만 성립하므로). 폐업하고 난 뒤에 차를 판매했을 때 역시 발부하지 않습니다(본인이 사업자가 아니므로).

22

일반에서 간이로 과세 유형이 바뀌었을 때 절세 방법

스포츠용품점을 운영하는 최 사장님. 얼마 전 일반과세에서 간이과세자로 전환됐다는 전환 통보서를 받았습니다. 사업이 잘 안 돼서 고민 중인데, 일반과세일 때 매입공제를 받았던 재고분에 한해서 부가가치세를 돌려줘야 하고, 간이과세자로 전환돼 세금계산서를 더는 발행할 수 없으니 걱정이 이만저만이 아닙니다. 거래처 대부분이 세금계산서를 요구하는 상황입니다.

이때는 간이과세 포기신청을 하면 됩니다. 일반에서 간이로 변경됐다면, 변경일 기준으로 존재하는 재고품, 감가상각 자산에 대해 공제받았던 매입세액을 납부해야 합니다. 일반에서 간이로 전환됐다는 말은 사업이 잘 안 된다는 것인데, 재고납부세액까지 내려면 큰 부담일 수 있습니다.

재고납부세액 계산법은 다음과 같습니다.

재고품 : 재고금액 × 10/100 × (1 - 업종별 부가가치율)

감가상각 자산 : 취득금액 × (1 - 감가율 × 경과한 과세기간 수) × 10/100 × (1 - 업종별 부가가치율)

최 사장님이 과세 유형이 바뀌는 7월 1일을 기준으로 파악된 재고는 500만 원이고, 사업 시작 시 에어컨 등을 구매하는 데 400만 원, 400,000원의 매입세액공제를 받았다면,

재고품 : 500만 원 × 10/100 × (1 - 0.1) = 450,000원

감가상각 자산 : 400만 원 × (1 - 0.25 × 3) × 10/100 × (1 - 0.1) = 90,000원

소매업이란 가정하에 업종별 부가가치율은 10%, 감가율은 25%를 적용했습니다(건축물인 경우 5%). 이렇게 계산한 금액은 7월 1일이 속하는 과세기간에 신고·납부해야 합니다.

재고납부세액을 내지 않으려면 과세 유형이 바뀌기 전에 간이과세 포기신고를 해야 합니다. 간이과세 포기신고를 하면 3년 동안은 간이과세로 전환되지 않습니다.

23

대손세액공제

얼마 전 거래처 부도로 500만 원을 못 받게 된 사장님이 있습니다. 곧 다가올 부가세 신고 기간에 부가세까지 내야 할 생각을 하니 앞이 깜깜합니다.

납품 뒤 세금계산서를 발행했으니 부가세를 내야 할 것 같기도 하지만, 아무리 생각해도 외상 매출대금을 받지도 못했는데 부가세를 내려고 하니 이 또한 아닌 것 같습니다. 이 사장님에게 좋은 방법이 없을까요?

이때는 대손세액공제를 활용하면 됩니다. 대손세액공제는 사업자가 거래처로부터 부가세를 징수하지 못했을 때 매출세액에서 징수하지 못한 부가세를 차감해주는 제도입니다.

대손세액공제를 받을 수 있는 경우는 다음과 같습니다.

1. 파산, 강제집행, 회사정리계획인가의 결정

2. 사망, 실종

3. 상법, 어음법, 수표법, 민법상의 소멸시효가 완성된 경우

4. 부도 발생일로부터 6개월 이상 지난 수표 또는 어음 및 외상매
출금(채무자의 재산에 대하여 근저당을 설정한 경우라면 제외)

24

개인사업자 부가가치세 매입공제 가능 차량

개인사업자가 경차, 9인승 이상의 승합차, 화물차 등을 사업과 관련해 사용할 목적으로 구매하거나 임차할 때 자동차 수리비와 기름값 등으로 쓴 비용의 매입 부가가치세액은 공제받을 수 있습니다.

단, 위에 해당하는 차종이더라도 구매한 후 개인이 사용하거나 배우자와 자녀 등의 편의를 위해 주로 가정에서 사용한다면 공제받았던 매입 부가가치세를 추징당할 수 있습니다. 그래서 업무용 차량의 비용 인정 기준(자동차보험,유류비,렌트비 등)을 마련해 두었습니다.

기준에 따라 차량 관련 비용이 연간 1,000만 원 이하일 때 운행기록을 작성하지 않아도 전액 비용으로 인정받을 수 있습니다.

알고 보면 쉬운
부가가치세 용어

❶ 부가가치세 기한 후 신고

부가가치세의 신고기한을 놓쳤을 때는 부가가치세 기한 후 신고를 해야 합니다. 부가가치세 기한 후 신고는 높은 가산세가 부과돼서 신고기한이 늦어질수록 가산세가 점점 쌓여가므로 부가가치세를 신고하지 못했다는 사실을 알게 되면 지체하지 않도록 해야 합니다.

부가가치세를 신고하지 않아 세무서로부터 고지서 또는 독촉장을 받은 때에는 부가가치세 기한 후 신고를 통해서 집을 포함해 어디서든 홈택스로 간편하게 할 수 있으므로 그 사실을 인지한 즉시 신고해야 합니다.

가산세의 종류에는 아래와 같은 것들이 있습니다.

> 사업자 미등록 가산세, 세금계산서 관련 가산세,
> 전자세금계산서 발급명세 전송 가산세,
> 세금계산서합계표 제출 불성실 가산세,
> 신고불성실 가산세, 납부 불성실 가산세.

❷ 매입자 세금계산서 발행제도
: 거래처에서 세금계산서 미발행 시

원칙적으로 매입자가 공급자에게 매입대금을 지급하면, 공급자는 매입자로부터 지급금액을 받았다는 내용의 세금계산서를 발행해 주어야 합니다.

만일 컴퓨터 판매장에서 내 사업장에 필요한 컴퓨터를 구매했다면, 컴퓨터를 파는 사업장은 구매자에게 세금계산서를 발행해야 할 의무가 있다는 겁니다. 이때 컴퓨터를 파는 사업자가 공급자이며 컴퓨터를 구매한 소비자가 매입자입니다.

이때 공급자가 세금계산서를 발행해 주지 않는다면? 이런 부당함을 바로 잡고자 나온 것이 매입자가 공급자에게 세금계산서를 발행하는 제도입니다.

공급자가 어떤 이유로 세금계산서를 발행해 주지 않으면 '매입자 세금계산서 발행제도'로 불이익에서 벗어날 수 있습니다.

거래된 금액이 10만 원 이상이어야 합니다. 또 과세기간 종료일부터 6개월(2020년 세법 개정) 이내에만 신청할 수 있습니다. 이 두 조건이 충족되면 매입자 관할 세무서에 거래 사실 확인신청서를 작성해서 제출하면 됩니다.

세무서에서는 공급자 관할 세무서에 사실을 확인하고 거래 사실이 확인되면 매입자가 신청한 세금계산서가 발행됩니다.

PART 3

매입의
왕이 되는
방법

매입 장부가 열쇠입니다

매입이란 무엇일까요? 판매하기 위한 상품이나 제품 등에 필요한 원재료나 저장품 등을 구매하는 것을 일컫습니다. 그럼 매입 장부는 무엇일까요? 원재료나 저장품 등을 어디에서, 언제 매입했는지 기재해 관리하는 서식을 말합니다. 매일 발생하는 내용을 차례로 입력해 전체적인 매입 내용은 물론 월 합계를 파악하게 해줍니다.

매입 장부를 작성하는 팁이 있다면, 장부를 매입처별로 작성하는 것입니다. 공급가액에 세금이 별도인지 포함인지 구분하면 신고할 때 편합니다. 또, 일자순으로 작성하면 집계가 쉽습니다. 특별히 기재해야 할 내용이 있다면 비고란을 활용하세요. 매입의 왕의 되는 노하우를 차근차근 알려드리겠습니다.

매입을 카드로 해도 되나요?

물건을 매입할 때 카드로 결제했는데, 부가가치세 신고가 가능한지, 가능하다면 홈택스 어디에다 신고해야 하는지 궁금해합니다. 사업과 관련성이 있다면 당연히 부가가치세 신고 시 매입처리 가능합니다.

홈택스 신고는 신용카드 매출전표 수령명세서 난에다 써넣고 신고하면 됩니다. (233쪽, '신용카드 매출금액 발행금액집계표'를 참고하세요.)

단, 사업자등록증의 대표자와 신용카드 명의가 일치해야 합니다.

3

앞으로는 "부가가치세 포함 가격인가요?" 라고 물으세요

앞으로는 물건을 매입할 때 "얼마에요?"라는 질문보다는 "부가가치세 포함 가격인가요?"로 고급스럽게 질문합시다!

'매입 = 매입액 + 매입세액'(이 공식이 지겨워져야 맞습니다)

미용실이 있습니다. 염색약을 구매할 때 재료상에 '부가가치세 포함 가격인가요?'라고 물어보세요. 재료상이 "부가가치세 포함 11,000원입니다"라고 하면(11,000 = 10,000 + 1,000), 사장님이 일반과세자라면 11,000원을 주고 구매하고, 매입세금계산서를 받으면 끝.

만약 간이과세자라면 매입세액을 주지 말고 10,000원에 구매하는 게 득이 됩니다(보통 '자료 없이 싸게'라는 표현을 쓰기도 합니다. 간이과세자라면 파트 4를 참고하세요).

매입 장부를 따로 관리하세요

매출은 거의 다 드러나고, 일괄집계가 쉬우니 따로 관리할 필요는 없습니다. 그러나 매입은 관리가 꼭 필요합니다(부가가치세 신고를 해 본 사장님들은 아시겠지만, 매입은 스스로 챙겨야 합니다).

장부라고 해서 뭐 거창한 걸 말하는 게 아닙니다. 식당이라면 이런 식입니다.

1월 31일	A 마트 식자재 구매 500,000원 하나카드
2월 20일	A 축산 고기 구매 500,000원 현금(면세계산서)
3월 11일	A 유통 식재료 구매 500,000원 현금(세금계산서)

이렇게 매입을 기록하라는 뜻입니다.

세금계산서/신용카드/면세계산서로 분류해서 매입 장부를 관리하는 것은 좋은 습관입니다.

이렇게 매입 장부를 기록·관리하면. 부가가치세는 매달 계산도 가능합니다(전자세금계산서가 10일 마감이니, 11일은 부가가치세 계산하는 날). 매달 부가가치세를 계산하는 습관이 절세의 시작입니다. 매입 장부를 즉시 만들어 보세요. 부가가치세 신고가 한결 쉬워집니다.

매입공제를 받으려면
매입 전 사업자 유형을 확인하세요

제대로 된 매입을 하고 있나요? 철저히 세무적인 관점에서 매입은 '적격증빙의 형태를 하고 있나?'라고 해석하면 틀림없습니다.

그런데 사업에 연관된 지출임에도 매입공제를 받지 못하는 대표적인 경우는 매입처가 간이과세사업자일 때입니다. 매입하기 전 꼭 확인한 후 매입하세요(간이과세사업자는 세금계산서를 발행할 수 없습니다. 즉, 간이과세사업자에게서 신용카드로 물건을 구매해도 매입공제가 되지 않습니다).

역으로 애초 사업자등록을 할 때, 내가 일반과세사업자와 많이 거래할 것 같으면 간이과세사업자로 등록하면 안 됩니다. 원칙적으로 사업자 대 사업자 거래는 사업자등록증 사본교환이 필수입니다. 매입하기 전 사업자등록증 확인은 꼭 해야 합니다.

얼마를 팔았냐보다는 어떻게 살까가 더 중요합니다

습관적으로 하루를 마감할 때 '오늘 매출이 얼마지?' 하고 포스기 집계를 해보시죠? 원하는 목표를 달성했으면 그날 하루는 만족합니다.

많은 사장님이 매출 집계는 잘합니다. 누가 시키지 않아도 말이죠. 반대로 매입 집계를 하는 사장님들은 드뭅니다. 사업 규모가 작으면 작을수록 더더욱 하지 않습니다.

누누이 강조해도 지나치지 않는 매입은 사업 규모가 커지면 커질수록 더욱 중요해집니다. 한마디로 '어떻게 살까'가 관건입니다.

세무적인 관점에서는 매출은 특별히 따로 집계하지 않아도 됩니다. 포스기만 봐도 기간 설정해서 일 매출, 월 매출, 연 매출이 간단히 집계되니까요. 또 나라에서도 매출만 투명하게 만들어 놓으면 그만입니다. 매입도 따라서 저절로 투명해지니까요(단, 매입은 납세자 본인이 챙겨야 합니다). 부가세를 혼자 힘으로 신고해 보신 사장님들은 다소 이해가 갈 것입니다.

매입이 뒤죽박죽 섞여 있으니, 평소에 기록만이라도 해두었으면 편했을 텐데 하는 생각 다들 해보셨지요? 꼭 매입 관련 프로그램을 쓰지 않아도 됩니다. 사장님이 알아보기 편하게 기록, 정리하는 것이 매입 기록의 핵심입니다(다음 글 간편장부양식을 따라 해도 좋습니다).

필자가 만약 식당을 운영한다면 매입 장부는 2개를 만들어 기록할 것입니다. 과세 장부, 면세 장부 이렇게요. 원칙은 매입 거래처별로 장부를 만들어 두는 것입니다.

식당은 타업종과 비교해서 매입이 빈번합니다. 신선식품을 취급하는 관계로 오랫동안 보관하지 못하니까 매입이 빈번할수록 그만큼 실수도 잦으니 꼭 기록해야 합니다.

나만의 특별한 매입 장부 1 _ 과세 장부, 면세 장부

매입 장부에 특별양식은 존재하지 않습니다. 사장님들의 매입을 기록, 관리하는 것이므로 사장님이 보기 편하게 작성하는 것이 최고입니다. 한 가지 예를 들어보겠습니다.

날짜	거래처	세금계산서	신용카드 현금영수증	계산서
1/10	A 마트	220,000		
1/11	유니 유통		110,000	
1/12	댕굴 축산			300,000

8

나만의 특별한 매입 장부 2
_ 고정 거래처 장부

고정된 거래처에서 매입이 빈번할 때는 그 거래처만의 매입 장부를 만드는 것이 효율적입니다. A 마트를 고정 거래처로 하는 매입 장부를 만들어보겠습니다.

날짜	품목	과세	비과세	비고
1/10	각종 양념 및 음료	220,000		00카드
1/11	부식 및 기타	110,000		
1/12	과일, 야채류		100,000	
⋮	⋮	⋮	⋮	⋮
계		1,100,000	800,000	

이런 식의 거래처당 매입 장부를 관리하는 것도 효율적입니다. 항상 말일이나 마감하는 날은 합계금액을 산출해 놓으면 나중 부가세 신고 때 아주 편리합니다.

위 예시로 계산해보면 1월 과세 부분의 총매입은 1,100,000원, 이 금액에 나누기 11을 하면 매입세액이므로 매입세액은 100,000원입니다. 1월 비과세 의제매입세액 공제 9/109로 적용하면 66,000원입니다.

습관이 중요합니다. 이런 식의 매입 장부를 기록하는 습관은 신고를 편리하게 도와줄 뿐만 아니라 절세의 지름길이 되기도 합니다.

9

좋은 매입 장부 프로그램 추천해주세요

이제 막 세무 상식을 배워나가고, 셀프 신고를 경험해 본 사장님들이라면 좋은 책, 좋은 프로그램보다는 습관부터 들이는 것이 중요하다고 말씀드리고 싶습니다(앞서 예시처럼 수기매입 장부더라도). 책을 구매해서 한쪽 편에 쌓아두고 비싼 프로그램을 사두고 사용법도 제대로 숙지하지 못해 월 사용료만 내는 사장님들을 흔히 봅니다.

그래도 굳이 매입 장부 프로그램을 구매하고 싶다면, 가능한 한 기능 없고 단순한 프로그램이 좋습니다.

기능이 많을수록, 사용법이 복잡해 프로그램을 숙지하는 일도 힘들어 중도 포기하는 때가 빈번합니다. 목적이 매입 장부

관리라면, 굳이 프로그램을 구매할 필요는 없어 보입니다.
부가가치세 셀프 신고도 일단은 서식지에 먼저 해보시길 권합
니다. 국세청에서 운영하는 홈텍스 프로그램도 프로그램 사용
법을 숙지해야 하니, 처음 세무를 배워가는 분들이라면 서식
지 신고부터 해보세요.

10

포스기만 잘 봐도
기장의 반은 해결됩니다

흔히 세무사 사무실에 맡긴다고 말하는 기장. 기장은 장사하는 사람은 누구나 다 해야 하는 기본입니다. 내가 간편장부대상인지 복식부기대상인지에 따라 기장을 하느냐 하지 않느냐가 아니라, 장사하는 순간 당연히 해야 합니다. 기장을 해야 이 사업을 해서 과연 얼마만큼 수익을 내는지, 잘못 운영하는 부분이 무엇인지 확인할 수 있지요.

한데 이 기장이란 용어가 언제부터인지 세무대리인만이 할 수 있는 것처럼 잘못 인식되어 있습니다. 기장은 어려운 게 아니고 사업하는 데 얼마만큼의 매출을 올렸는지, 또 그 매출을 올리기 위해 지출은 얼마를 했는지 사업자 본인이 잘 기록하고 관리하면 되는 일입니다. 언제라도 그 장부를 보고 매출과 지출 등이 즉시 확인되면 그 기장의 진짜 의미는 충분히 잘 살린 셈이 됩니다.

요즘 식당에 가보면 포스기가 다들 있습니다. 이 기계는 다른 형태의 매출 장부로 볼 수 있습니다. 포스기만큼 정확한 매출 장부도 없지요. 집계도 쉽습니다. 그렇다면 아무리 강조해도 지나치지 않는 매입 장부만 잘 기록·관리하면 됩니다. 다시 한번 강조하지만, 절세의 시작은 매입 장부를 기록하는 것부터입니다.

11

○○온라인마켓에서 신용카드로 물품을 구매할 때 많이 틀리는 것

매입 장부의 중요성은 이제 충분히 아실 테고, 매입된 품목을 언제 기록할지 모호할 겁니다. 일주일 단위 또는 한 달 단위?

매입은 이뤄지는 즉시 기록해야 합니다. 습관으로 만들어야 합니다. '언제 한 번에 모아서 해야지'라고 생각한다면 또 하나의 무거운 일거리가 늘어날 뿐입니다.

식당을 운영하는 김 사장님은 G마켓에서 주방용품을 신용카드로 구매했습니다. 그럼 오늘 날짜로 매입 장부를 기록하세요. '8월 6일 G마켓(댕굴유통) 주방용품 165,000원 삼성카드' 이런 식입니다.

주의할 점이 있습니다. 부가세 신고 때는 사용한 사업자 본인 신용카드 번호, 구매처의 사업자 번호, 공급가액을 기록해야 한다는 겁니다.

카드 내용 조회를 해보면 구매처 사업자가 이베이코리아(G마켓)로 뜹니다. 당연히 이베이코리아의 사업자 번호가 기록돼 있겠죠. 신고 시에는 이베이코리아의 사업자 번호가 아니고 구매한 원사업자(댕굴유통)의 사업자 번호를 기재해야 합니다.

앞서 얘기한 대로 매입이 이뤄진 즉시 매입 장부를 기록한다면 비고란에 댕굴유통의 사업자 번호를 기재하겠죠. 한데 시일이 흐른 뒤 기재하려면 과거 거래 내용을 다 살펴봐야 하고 그렇게 힘들게 찾아내면 또 원사업자를 찾느라 시간을 낭비할 것입니다. 여간 불편한 게 아닙니다. 습관을 잘 들여놓으면 편합니다.

매입 장부는 매입이 이루어진 즉시 기록하는 것이 가장 편하고 실수가 없습니다.

12

종합소득세 신고의 광고선전비와 접대비

종합소득세 신고 시 혼란스러운 부분 중 하나가 광고선전비와 접대비입니다. 광고선전비는 사업과 관련된 비용으로 인정받아 전액 경비 처리할 수 있지만, 접대비는 매출액에 연동된 한도 금액만큼만 비용으로 처리할 수 있습니다.

예를 들자면 회사 로고가 새겨진 볼펜을 나눠주면 그 비용은 광고선전비가 됩니다. 그런데 거래처에 찾아가서 그 볼펜을 주면 접대비가 됩니다.

접대비는 거래의 원활한 지속이나 개선을 목적으로 특정인에게 지출하는 것을 말합니다. 반면, 광고선전비는 불특정 다수를 대상으로 판매 촉진을 위해 견본품이나 사은품 등을 제공하는 것을 말합니다.

복식장부의무자로서 계정을 어떻게 처리할지가 고민이었다면, 특정인은 접대비, 불특정 다수라면 광고선전비라는 계정을 이용하면 되겠습니다. 매입 장부를 기장하는 사장님이라면, 비고란에 계정과목(예를 들면, 복리후생비, 접대비, 광고선전비, 운반비 등의 항목)을 표기하는 것도 좋은 습관입니다. 간편장부대상이더라도 마찬가지입니다.

왜 거래처별 매입원장이 중요할까?

이미 부가세 신고를 경험해보신 사장님들이라면 알겠지만 매입 장부를 거래처별로 만들어 놓으면 매우 편리합니다. 부가세 신고 시 매입처별 발행금액합계표를 작성할 때 과세기간 내 매입처 사업자번호, 총 발행 건수, 총공급가액, 총세액을 기재하기 때문이죠.

쉽게 예를 들면, A라는 매입처에서 1월부터 6월까지 총매입한 금액이 1,100만 원이고 세금계산서를 매달 받았다면

사업자 번호	발행 건수	공급가액	세액
111 – 11 – 11111	6	10,000,000	1,000,000

위와 같이 홈택스에서 신고가 되므로 매입처별로 매입 장부를 관리하는 것이 좀 더 효율적이고, 매출이 커지면 커질수록 필수적입니다.

(파트 7, 230쪽, 매입처별 발행금액 합계표를 참고하세요.)

홈택스에 등록된 신용카드의
공제 또는 불공제

부가세 신고 시 홈택스에 등록한 사업자 본인 신용카드를 매입 처리하는 과정에서 공제냐 불공제냐로 약간의 혼란을 겪었던 사장님들 있으시죠?

홈택스라는 프로그램에서 공제 불공제를 구분하는 큰 기준은 과세인지 아닌지를 일단 판별하는 것입니다. 예를 들면, 홈택스에 등록한 신용카드로 물건을 구매할 때 그 상대방이 면세사업자인지, 간이사업자인지를 구분하는 것입니다.

불공제 처리항목 중에서 면세사업자로부터 물건을 구매한 것이라면, 당연히 의제매입세액 공제를 받아야 합니다. 불공제 처리가 됐다 하더라도, 한 번씩 점검해 볼 필요가 있습니다.

증빙을 잘 챙기는 방법

증빙을 잘 챙긴다는 건 어떤 의미일까요? 과거에는 영수증을 일일이 챙기거나 세금계산서를 발급받는 등 과정이 귀찮고 복잡했습니다만 요즘 같은 스마트 시대에는 아래 몇 가지만 기억하면 쉽고 간단히 증빙 서류를 챙길 수 있습니다.

첫째   신용카드는 사업자 본인 명의 신용카드를 사용한다.

둘째   홈택스에 사업자 본인 명의 신용·체크카드 등을 등록한다.

셋째   대금 지급은 될 수 있으면 계좌이체로 한다.

넷째   현금을 지급하고 현금영수증을 발급받는다.

다섯째   사업자 간 거래에는 세금계산서를 발급받는다.

여섯째   신용카드나 체크카드를 사용했다면 결제 후에 받는 종이전표

영수증을 분실해도 걱정할 필요는 없다. 세금계산서도 전자세금계산서를 발급받았다면 홈택스에서 전산 조회가 가능하므로 챙겨야 할 증빙자료는 종이로 된 세금계산서뿐이다.

단, 주의할 점은 홈택스 신용카드·체크카드 등록 시 여기에 등록한 카드는 사업 관련 지출에만 써야 한다는 것입니다. 개인적인 지출(사업과 연관성 없는)은 등록하지 않은 카드로 썼을 때 나중에 따로 정리할 필요가 없지요.

일반과세사업자 재료 비품 구매 요령

일반과세이신 사장님들은 이유 없습니다. 무조건 매입 증빙을 갖춰야 합니다. 간이과세와는 반대로 신용카드 활용을 잘해야 합니다(사업과 연관성 있는 카드 구매는 부가세 신고 시 신용카드 매출전표 수령명세서란 형태로 매입 증빙이 가능합니다).

모호할 땐 신용카드 쓰세요. 거기에 하나를 더하자면, 현금을 꼭 써야 할 때가 있습니다. 간이과세사업자는 싸게 사는 게 중요하고, 일반과세사업자라면 현금 줄 테니, 매입 자료를 더 끊어줄 수 있는지 흥정해 보세요(고정 매입거래처이고, 결제만 깔끔하다면, 들어줄 수 있습니다).

흥정이 안 되는 업체(온라인마켓, 대형할인점 등)는 그냥 카드 쓰고 매입 증빙 처리하면 됩니다. 간혹 반대로 하는 사람들이 있습니다. 간이과세사업자인데 무조건 자료 받으려고 하고, 일반과세사업자인데, 자료 없이 싸게 사려고 하고. 이제부터는 그러지 마세요.

절세는 본인 스스로 할 때만 가능합니다

절세는 세무대리인이 해주는 것이 아니고, 본인 스스로가 할 때 비로소 가능합니다.

가령 세무대리인이 세금을 계산할 때와 본인이 직접 계산했을 때 계산 방법이 다르다면 모르겠지만, 아시다시피 **'부가가치세 = 매출세액 – 매입세액'** 이게 전부입니다.

똑같은 공식으로 계산하는데 본인이 하는 게 실수가 적을까요 아니면 남이 대신하는 게 실수가 적을까요? 실수뿐만 아니라 누락분을 챙기는 등 하나라도 더 신경 쓰겠지요?

여전히 세무라는 단어에 어려움을 느끼는 분들을 많이 만나곤 하는데, 이 책을 읽고 난 뒤 언제나 결론은 '세무 그까짓

거, 해 볼 만하네'로 마무리되기를 소원합니다.

흔히 말하는 절세란 올바른 매입을 통한 기록과 각종 공제의 활용 그리고 정부 지원 활용, 이 두 가지로 요약됩니다. 다른 방법은 없습니다.

알고 보면 쉬운
부가가치세 용어

❶ 2019 바뀌는 세법

2019년 바뀌는 세법 중에 영향력이 제법 큼지막한 소상공인, 자영업자를 위한 세금 정책 두 가지를 소개하겠습니다.

1. 의제매입세액공제의 공제 한도 확대

현재 음식점 등이 면세 농수산물 구매 시 의제매입세액 공제를 허용하며, 그 한도를 45~60%로 정하고 있습니다. 시행령 시행일 이후 신고분부터 해당 한도를 5% 확대한다는 내용입니다.

2018년 2기 부가가치세 신고분부터 적용됩니다.

2. 신용카드 세액공제 한도를 1,000만 원으로 확대 및 적용기한을 2020년 말까지 연장하겠다는 내용입니다. 기본공제율도 일반과세기준 1.3%에서 1%로 조정예정이었으나 이 역시 2020년 말까지 연장한다고 합니다.

❷ 세액공제와 매입세액공제

세액공제와 매입세액공제는 다른 말입니다. '부가가치세 = 매출세액
– 매입세액'(이제 기본적으로 다 외우고 계시지요?)

이렇게 산출된 부가가치세에서 다시 금액을 빼주는 걸 세액공제라 합니
다. 크게 '전자신고세액공제'와 '신용카드 매출세액공제' 두 가지입니다.

전자신고세액공제는,

1, 2기 부가가치세 확정 신고 기간에 홈택스를 통해 전자신고하는 대
상은 1만 원 세액공제를 해줍니다(큰돈은 아니지만, 1년이면 2만 원, 티끌
모아 태산).

신용카드 매출세액공제는,

가령, 1월부터 6월까지 신용카드(현금영수증 포함) 매출이 1,000만 원
이면 이 금액의 1.3% 즉 130,000원을 세액공제 해줍니다. 음식/숙박
업 간이과세자 분들은 2.6% 세액공제를 받으실 수 있습니다.

PART 4

간이과세 사업자라면 이것만 기억하세요

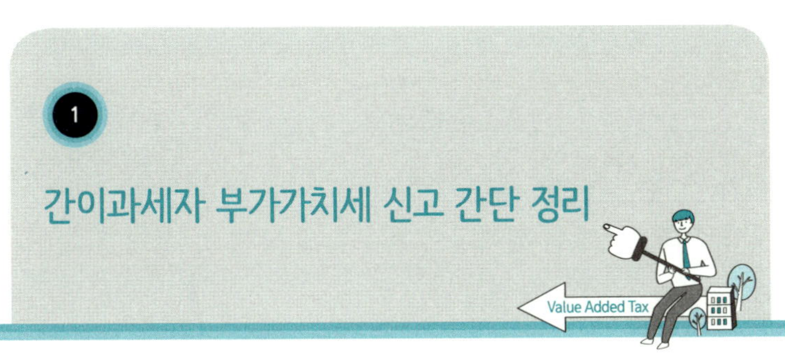

1년간 매출액이 4,800만 원 미만인 간이과세자의 부가세 계산법은 아래와 같습니다.

'부가가치세 = 납부세액 – 공제세액'

'납부세액 = 공급대가 × 업종별 부가가치율 × 10%'

'공제세액 = 세금계산서에 기재된 매입세액 × 업종별 부가가치율'

업종별 부가가치율은 5~30%로 업종별로 다릅니다. 신용카드·직불카드·기명식선불카드·현금영수증 발행금액에 대해 1.3%를 추가로 공제받을 수 있으므로(음식점업은 총 2.6% 공제됩니다) 일반과세자와 비교해서 상대적으로 부가가치세 부담이 적습니다.

간이과세자라면 꼭 알아두세요. 과세기간에 매출이 3,000만 원에 미달할 때는 세액 납부의무를 면제하고, 부가가치세를 환급받을 수 없습니다.

(간이과세자로 부가가치세를 구하는 사례는 23쪽을 참고하세요.)

업종별 부가가치율

업종	부가가치율
전기/가스/증기/수도사업	5%
소매업/음식점업/재생용 수집 및 판매업	10%
제조업/숙박업/운수 및 통신업	20%
건설업/부동산임대업/기타 서비스업	30%

올해 사업자등록 한 간이과세자 분들은 내년 1월 부가가치세 신고부터 스스로 하면 충분합니다.

김 사장님은 사업자등록을 일반과세자로 할지 간이과세자로 할지 감이 안 잡힙니다. 누구는 간이과세자로 사업자를 내는 게 좋은 거라 하고, 또 누구는 일반과세자로 내는 게 좋다고 하는데, 어떤 게 좋은 건지 잘 모르겠습니다.

대다수의 경우엔 간이과세자가 무조건 좋습니다.

하지만 인테리어 같은 큰돈이 들어갈 때는 일반과세가 유리하다고 합니다. 시중에 나와 있는 절세 관련 책들을 보면 사업을 시작할 때 초기투자비용이 많이 들어갔다면 무조건 일반과세자로 사업을 시작하는 게 유리하다고 합니다.

그런데 이런 막연한 지식만 가지고 일반사업자로 등록을 해놓고는 인테리어 등 큰 비용을 지급할 때 업자의 유혹(?)에 넘어가 부가가치세를 안 주는 대신 세금계산서도 발급 안 받는 경우가 현실에선 허다합니다.

그러고는 부가가치세 신고 기간에 매입세액공제 여부를 따집니다. 책을 여기까지 읽고 나니 무릎을 '탁' 치고 계십니까?

세금계산서가 무엇인지 개념도 모르고 사업을 시작하는 사장님도 많습니다. 사업 시작 전 세무 상식은 무조건 배워놓는 것이 좋습니다.

간이과세 사장님들은 사업자 낸 달을 염두에 두세요

간이과세자에 대해 다시 한 번 아주 쉽고 간단하게 개념 정리 하겠습니다. 간이과세자는 연 매출 4,800만 원만 넘지 않으면 계속 간이과세자일까요? 아닙니다.

7월 간이과세자로 사업을 시작했다고 가정하면, 월 400만 원 으로 쉽게 계산해서 7월에서 12월까지 총 6개월간 누적 합 계는 400만 원 × 6개월 = 2,400만 원 미만이 됩니다. 만일 2,400만 원을 넘으면 내년 7월에 일반과세로 자동 전환됩니 다. 따라서 몇 월에 사업자를 냈는지가 중요합니다.

간이과세자는 세금을 내지 않아도 된다고 생각하는 분들이 있습니다. 간이과세자는 일반과세자에 비해 세금을 적게 내는 것이지 내지 않아도 되는 건 아닙니다. 간이과세자는 매년 1

월 25일까지 전년도 부가가치세를 신고·납부해야 합니다.

간이과세자인데 자료를 모아야 하는지 물어오는 때가 많습니다. 수도 없이 얘기한 내용인데, 간이과세자는 자료 없이 싸게 사는 게 훨씬 이득입니다. 바로 다음 글에 자세히 기록하겠습니다.

④ 간이과세사업자의 재료 비품 구매 요령

간이과세이신 사장님들은 현금을 잘 활용해야 합니다. 물건을 매입할 때 꼭 이렇게 물어보세요, "자료 없이 얼마에 가능한가요?"

앞에서 보셨겠지만, 간이과세자는 부가세 부담이 극히 작답니다. 따라서 매입 자료에 크게 신경 쓰지 않아도 됩니다.

예를 들어 재료비가 11,000원이라면 자료 없이 10,000원에 사는 게 훨씬 이득입니다. 앞으로는 물건을 매입할 때 '자료 없이 얼마에 줄 수 있나요?' 이 질문을 기억하세요.

흥정이 안 되는 업체는(온라인마켓, 대형할인점 등) 그냥 신용카드 쓰고 매입 증빙 처리하면 됩니다.

5

물건을 구매할 때 계산법

이제 '매입 = 매입액 + 매입세액' 이 공식은 지겨우시죠?

간이과세자분들은 매입계산서 없이 현금 주고 싸게 사는 게 득이라고 했습니다. 그러면 얼마를 줘야 하는지 문의들이 많습니다.

간단합니다. 위 공식에서 매입세액을 제외하는 겁니다. 그럼 매입액으로 물건값이 거래되는 거지요.

예를 들어, 간이과세자가 재료상으로부터 염색약을 11,000(10,000 + 1,000)원에 구매해야 한다면, 매입액 10,000원만 주고 자료를 안 받는 게 좋습니다.

계산해보면 이득이라는 결론이 나옵니다(간이과세는 매입, 매출세액에 업종별 부가가치율을 곱하므로). 원칙은 사업자 대 사업자 거래에서 세금계산서를 주고받아야 하는 거지만, 실상 많은 자영업자가 무자료 거래를 합니다(이 부분도 서서히 투명해지겠죠).

간단하게 정리하면, "자료 없이 싸게"라는 말은 매입액으로 계산하라는 겁니다(매입에서 매입세액을 제외한). 매입 나누기 1.1 하면 매입액이 나옵니다. 한 달 재료비 결제가 110,000원인데, 만약 간이과세라면 100,000원 결제(자료 없이)가 유리합니다.

면세사업자 부가가치세 신고

흔히 병·의원, 학원, 농·축·수산물 판매업, 대부업, 주택임대업 등을 면세사업자라 하고 부가가치세 신고는 하지 않습니다. 대신 사업장의 현황신고라고 해서 매년 2월 10일까지 전년도 매출 매입처별 계산서 합계표와 사업장현황신고서를 제출합니다. 부가가치세 신고를 하지 않으므로 나라에서는 면세사업자의 소득을 책정할 수 없기 때문이죠.

하여 면세사업자의 사업장현황신고 시 수입금액이 종합소득세 신고의 과세표준이 됩니다. 단 주의할 점이 있습니다. 사업장현황신고 시 수입금액을 3,000만 원이라고 했는데, 종합소득세 신고 시 수입금액을 2,000만 원이라고 신고하면 세무서에서 소명 요청 들어온다는 겁니다. 꼭 주의하세요.

PART 5
세무에 관한 사장님의 욱금중 궁금증 TOP 29

종합소득세도 부가가치세만 알면 쉬워요

미용실을 예로 들어볼게요. 1월에서 6월까지 매출이 1,100만 원이면 이 중에 매출세액(매출의 1/11)이 100만 원입니다. 미용 재료 등 매입이 330만 원이라면 이 중 매입세액(매입의 1/11)은 300,000원입니다.

부가가치세(1년에 2회 신고)는 '**매출세액 − 매입세액**(100 − 30 = 70)'이므로 700,000원입니다. 7~12월도 같은 상황이면 부가가치세는 또 700,000원입니다.

종합소득세는 간단히 '**수입 − 경비**'로 생각하세요. 작년분을 올해 5월에 신고합니다. 수입은 총매출액으로, 2,200만 원에서 200만 원을 뺀 2,000만 원입니다. 경비는 총매입액으로 660

만 원에서 60만 원을 뺀 600만 원입니다('매출 = 매출액 + 매출세액'이

므로 매출액은 매출에서 매출세액을 빼면 나옵니다. 매입액 계산도 같습니다).

결국, 소득은 2,000만 원 - 600만 원 = 1,400만 원이 됩니다.

여기서 인건비가 1,000만 원이라면 경비 처리하여 400만 원

이 실소득이 됩니다. 여기에 소득공제 후 세율(6~42% 금액별 차등적

용)을 곱하면 종합소득세가 책정됩니다.

절세 또는 탈세

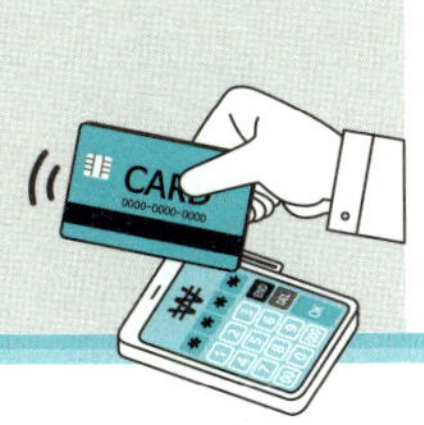

많은 사람이 절세를 외치지만, 정작 본인 행동이 절세인지, 탈세인지 잘 모르거나 잘못 아는 경우가 많습니다.

절세란 세법이 인정하는 범위 내에서 합리적이고 합법적으로 세금을 줄이는 행위를 말하지만, 탈세는 고의로 사실을 왜곡하는 등의 불법적인 방법을 적극적으로 함으로써 세금부담을 줄이려는 행위를 말합니다.

퀴즈 하나 내볼까요? 아래 예시에서 절세, 탈세를 구분해 보세요.

1   김 사장은 아파트를 계약할 때 나중에 팔 때를 생각해서 부동산 전문가의 조언을 얻어 실제 매입금액보다 3,000만 원 정도 취득금액

을 올려서 계약서를 작성했다.

2 김 과장은 신용카드를 많이 사용하면 연말 정산할 때 세금혜택이 있다고 해서 1월부터 11월까지 아껴 쓰던 신용카드를 12월에 몰아서 사용했다.

3 김 대리는 회사 동료가 진짜든 가짜든 기부금 영수증만 있으면 연말정산에 환급을 많이 받을 수 있다는 말에 다른 회사 동료들처럼 가짜 기부금 영수증을 연말정산 할 때 증빙자료로 제출했다.

4 김 부장은 아들에게 현금 1억 원을 주겠다고 약속했다. 근데 현금으로 주겠다는 처음 약속을 어기고, 현금이 아닌 1억짜리 땅을 사서 1년 뒤에 주겠다고 한다. 아들은 공시지가가 높지 않아서 불만이다.

5 식당을 운영하는 김 사장은 부가가치세가 많이 나올 거로 예상되자. 사업자등록증이 있는 무자료 전문 거래업체를 통해서 세금계산서를 아주 싼 가격에 사서 부가가치세를 줄였다.

6 김 사장은 부동산을 매도하면서 장기보유 특별공제를 많이 받기
위해서 처음 계약서를 작성 당시의 잔금 지급 일자를 뒤로 미뤄 조
정했다.

7 물품대금으로 1,000만 원을 지급하면서, 간이영수증을 받지 않고,
현금영수증을 발급받았다.

정답은 아래와 같습니다.
1, 3, 5 _ 탈세
2, 4, 6, 7 _ 절세

종합소득세의 함정?

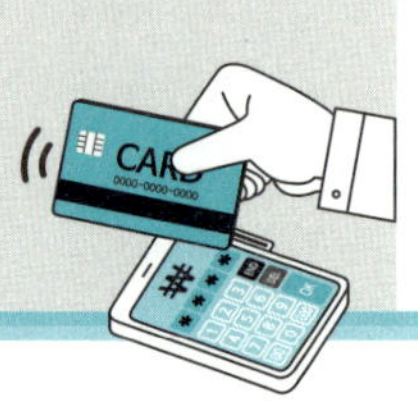

장사가 잘되지 않는데도 뭐가 그리 바쁜지 그러다가 어느 날 국세청에서 서류가 날아옵니다. 종합소득세 안내장! 수입금액 1억 2천만 원!

어라? 난 1억을 번 적이 없는데? 그때부터 난리가 나는 겁니다. 회계사무실에 전화하고 조금이라도 알 만한 지인에게 물어보고 돌아오는 답변은 "방법 없다!"

여기에 함정이 있습니다. 작년 소득에 대한 신고를 올 5월에 하니까 대처할 수가 없다는 데 있습니다. 위에 언급한 상황이 벌어졌다면 어떡해야 할까요? 결론은 예전의 필자처럼 답이 없는 겁니다. 이해되시나요?

지푸라기라도 잡으려면 어떻게 해야 할까요? 일단 세법이 정한 테두리 안에서 소득공제, 세액공제 받을 수 있는 것들을 최대한 활용하고 절세하는 겁니다.

더 중요한 건 내년 대비(장사든 사업이든 하루 이틀하고 안 할 건 아닐 테니)입니다. 종합소득세는 부가가치세를 기반으로 수입금액이 책정됩니다. 그러니 당장 1월 혹은 7월 부가가치세를 준비해야 합니다. 시간이 있을 때 준비해 두세요.

매입 자료 받을 수 있는 곳을 다시 체크해 보고, 매출 집계(카드, 현금영수증, 매출계산서 등)도 대략은 해보시고요. 알다시피 부가가치세는 아주 간단('매출세액 - 매입세액')해서 대충은 얼마를 낼지 알 수 있습니다.

지금 책을 읽으면서 세무에 관한 내용을 익혀 가는 분들은 내년 종합소득세(다음에 준비하는 책)는 예측하고 움직이니 설령 소득세를 좀 내시더라도 알면서 내는 거니까 올해만큼은 당황하지 않을 겁니다. 세금! 무조건 공부해야 합니다.

직원 등록, 매월 1일만 피하세요!

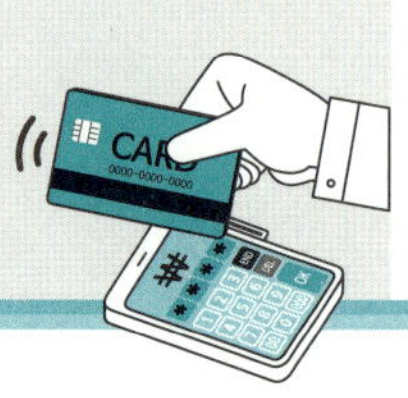

국민연금과 건강보험은 당월 1일 입사자만 보험료가 고지됩니다. 1일 이후 입사자는 당월 고지 여부를 선택할 수 있으므로 이를 잘 활용하면 한 달치 보험료는 절약할 수 있습니다. 그러니까 매월 1일만 피해 직원을 채용하면 그달에는 보험료를 내지 않아도 됩니다.

많은 사장님이 면접을 보고 나서 "맘에 드니 다음 달 1일부터 출근하세요"라고 하는데, 1일만 피하면 그달 금액 정도는 아낄 수 있습니다.

직원월급이 200만 원일 때 사업자가 부담해야 할 국민연금 금액은 **200만 원 × 4.5% = 90,000원**이고, 건강보험료는 **200만 원 × 3.12% + (200만 원 × 3.12%) × 7.38 = 67.000원**입니다. 1일만 피하면 **157,000원**은 절약할 수 있다는 계산이 나옵니다.

한 공간 두 개 사업자

많은 분이 질문하고, 궁금해하는데 간단하게 정리하겠습니다. 결론은 가능합니다. 단, 겸업이 금지된 것을 제외하고는 말이죠. 세무서 직원의 재량(?)이 약간 작용하는데 동일인이 똑같은 장소에서 두 개의 사업자등록을 낸다면 두 개의 사업자등록은 잘 안 해주고 거의 '업종추가를 하세요'라고 처리할 겁니다.

질문   동네에서 작은 1인 헤어숍을 운영하고 있습니다. 숍인숍으로 네일숍을 내어주고 싶은데, 사업자등록이 가능할까요?

답변   네. 가능합니다. 신분증, 영업신고증 등의 기본서류 외에 추가로 서류가 필요합니다. 전대차계약서, 건물주동의서가 그것입니다. 관할관청마다 약간은 다를 수 있으니 등록 전에 꼭 관할세무서에 전화부터 해보세요.

세무조사 걱정 붙들어 매세요

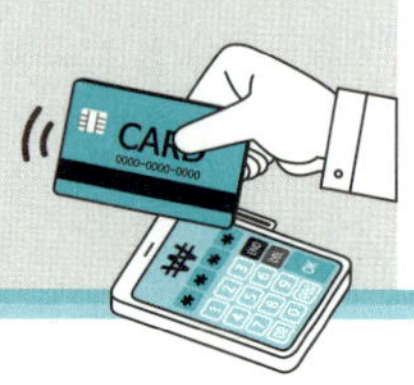

국세청은 매년 1만 7천 건 정도의 세무조사만 합니다. 법인세를 납부하는 기업은 80만 곳에 달하지만, 세무조사를 받은 기업은 6천여 곳밖에 되지 않습니다. 개인사업자도 500만 명 중 4천 명 정도만 세무조사 대상이 됩니다.

전체의 1%도 되지 않는 세무조사 대상을 국세청은 어떻게 선정할까요? 1년 치 세무조사 대상은 그해 초에 결정됩니다. 세무조사 대상기업을 고르는 기준은 '신고성실도'와 '세무조사 주기'입니다(국세기본법에는 최근 4년 이상 같은 세목의 세무조사를 받지 않은 납세자에 대해 업종이나 규모, 경제력 집중 등을 고려해 세무조사 대상을 선정할 수 있다고 규정).

국세청은 법인세 사무처리 규정에 따라 수입금액이 1,000억 원을 넘는 기업은 5년 주기의 순환조사를 원칙적으로 실시하고 있습니다.

조사받은 지 4년이 넘었고 신고성실도가 낮으면 그해 세무조
사 대상으로 선정될 확률이 크게 올라갑니다. 이 글을 쓰는
이유는 대부분의 영세한 자영업 사장님들은 대놓고 탈세를
저지르지 않는 한 세무조사 안 나온다는 말을 하고 싶어서입
니다.

7

식품위생법에 따른 사업장 분류

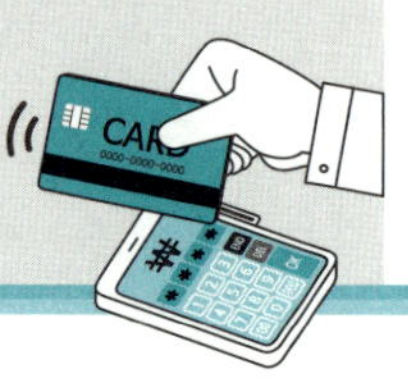

감성 주점으로 큰 인기를 끌었던 '밤과 음악사이(밤새)'가 소송에 지면서 9억 원이 넘는 세금을 물게 되었습니다. '밤사'는 술과 음식을 팔면서 춤출 수 있는 곳으로 일반음식점으로 등록해 영업을 해왔습니다.

관할 세무서는 '밤사'가 세법상 유흥주점에 해당함에도 일반음식점으로 등록해 세금을 제대로 내지 않았다는 이유로 개별소비세를 청구했습니다. '밤사'는 이에 불복해 취소소송을 내었다가 패소했습니다.

세법상 일반음식점은 부가가치세 10%만 내면 되지만, 유흥주점은 여기에 개별소비세 10%와 이 금액의 30%에 해당하는 교육세를 내야 합니다. '밤사'의 주장은 우리는 일반나이트처럼 사치스럽거나 방탕한 곳이 아니고, 가격도 싸고(5,000원이면 술을 마실 수 있고, 안주도 10,000원대가 대부분) 건전하다 주장했지만, 재판부는 세법상 유흥주점에 해당한다고 판단했습니다.

식품위생법에 따른 사업장 분류는 이렇습니다.

음식, 술, 노래, 춤 이 모든 게 다 가능하면 유흥주점

춤이 빠지면 단란주점

춤, 노래가 빠지면 일반음식점

춤, 노래, 술이 빠지면 휴게음식점

8

인건비 신고해야 하나요?

아주 간단히 정리하면 종합소득세는 수입에서 경비를 뺀 이익 (소득)에 대하여 내는 세금입니다.

'수입 – 경비 = 소득' '소득 × 세율 = 세금'

다시 말해, 경비가 많아야 소득이 줄고 세금도 따라서 줄어드는 구조입니다. 그러므로 인건비 신고를 해야 하는데 인건비 신고를 하면 4대 보험이라는 추가적인 부담이 생깁니다. 인건비 신고를 꼭 하는 게 유리할까요?

정답은 '그때그때 달라요'입니다. 종합소득세 세율은 최하 6%

에서 최고 42%로 나뉘어 있고, 4대 보험을 부담하는 비율은 고정돼 있습니다. 4대 보험은 대략 월급의 17%인데 이 중에서 직원이 8%, 사업주가 9% 정도를 부담하는 것이 원칙입니다 (경우에 따라선 사업주가 모두를 부담할 때도 있습니다).

간단한 예를 들어보면, 인건비 지출이 1,000만 원고 이를 종합소득세 신고 시 경비가 1,000만 원 생기고 적용되는 세율이 6%라면 60만 원의 세금이 줄어듭니다. 대신, 4대 보험료가 90만 원 나오겠죠. 이 경우엔 인건비 신고를 안 하는 것이 유리할 겁니다

하지만 세율 15%를 적용받는 다면 4대 보험료는 90만 원으로 똑같고 세금 150만 원이 줄어드니 인건비를 신고하는 것이 유리합니다. 위 사례와 같이 상황에 맞추어 판단해야 합니다. 물론 원칙은 인건비 신고 반드시 하는 것입니다.

블로그로 잠깐 판매하려는데, 사업자등록은 꼭 해야 하나요?

이제는 전자상거래가 일반화하면서 부업으로 인터넷에서 상품을 팔아보고자 하는 사람들이 점점 늘어나고 있습니다. 오픈마켓, 블로그 등을 통해 작은 규모로 시작하는 경우가 주위에 제법 됩니다.

수입도 얼마 되지 않고, 잠깐 판매하다 말지도 모르는데 사업자등록은 꼭 해야 할까요? 단순히 일회성으로 판매할 때는 꼭 사업자등록을 하지 않아도 됩니다. 내가 쓰던 노트북을 중고사이트에 판매할 때가 해당되겠네요.

만약, 온라인 쇼핑몰을 운영한다면 이는 위 예시처럼 일회성 판매가 아니고, 반복적으로 물건을 판매한다는 의미이므로 사업자등록을 해야 합니다. 폐기된 규정이지만 과거엔 6개월

간 거래횟수가 10회 이상이거나 거래 규모가 600만 원 이상
일 때 반복적으로 판매행위를 한다고 보아 사업자등록 대상
으로 분류했습니다.

아직 창업 전이라면 위 기준으로 사업자등록을 할지 말지 고
민해보세요.

그럼 통신판매업 신고는 어떨까요? 6개월 내 거래횟수가 20
회 미만이거나 거래 규모가 1,200만 원 미만일 때는 신고 의
무가 면제됩니다.

사업자 과세 유형

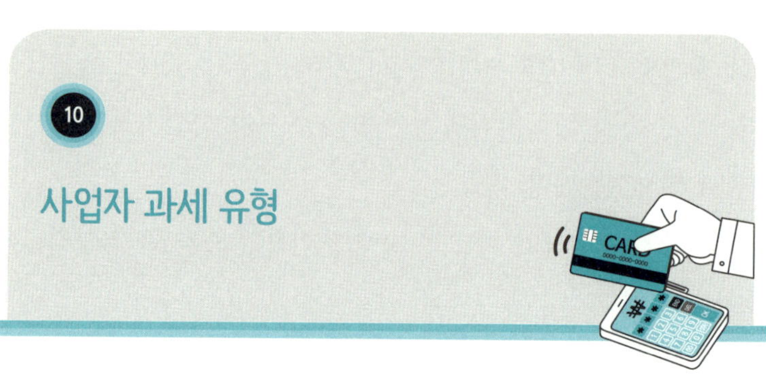

사업자 과세 유형을 결정한다면 할 수 있는 한 간이과세자로 적용받는 것이 유리합니다.

일반과세자보다는 간이과세자로 적용받는 것이 세금 절감에 매우 유리하기 때문이지요. 사업을 시작할 때는 가능한 한 간이과세자로 적용받는 것을 권합니다. 그러나 간이과세가 불가능한 예가 있습니다.

▶ 간이과세 배제업종

제조업이나 광업, 도매업, 부동산임대업, 매매업, 유흥업, 변호사업 등의 경우엔 원천적으로 간이과세자가 될 수 없습니다.

제조업은 제과점이나 양복점 같은 최종 소비자에게 바로 연결

되는 업종일 때 예외도 있습니다.

▶ 간이과세 배제지역

간이과세가 가능한 업종이지만 배제되는 지역에 있을 때는 무조건 일반과세자로 사업자를 내야 합니다. 서울은 강남, 대구는 동성로, 부산은 서면 일대 등 중심상업지역에 있는 경우입니다.

▶ 간이과세 배제건물

백화점이나 대형할인점(대형마트) 같은 곳이 해당합니다. 이들 건물에 입점한 소규모 점포도 일반과세자로만 등록이 됩니다.

사업을 시작할 때 세무 절차

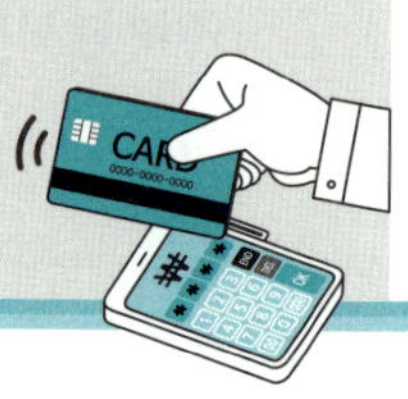

1　사업을 시작하면 가장 먼저 사업자등록을 해야 합니다.

2　사업자등록은 사업장마다 해야 합니다.

3　사업자등록은 사업 개시 전이라도 가능합니다.

4　사업자등록은 신청일로부터 3일 이내에 교부하도록 돼 있습니다.

개인사업자가 부담하는 세금은 기본적으로 부가가치세와 종합소득세가 있습니다.

허가, 신고·등록 업종일 때는 허가증, 신고증, 등록증 등이 사업자등록 시 반드시 포함되어야 합니다.

업종 구분 예시

허가 업종	단란주점, 유흥주점, 성인오락실, 신용정보업, 유료직업소개소 등
신고 업종	일반음식점, 휴게음식점, 교습소, 미용실, 제과점, 당구장, 세탁업, 헬스클럽, 동물병원 등
등록 업종	공인중개사사무소, 독서실, 노래연습장, PC방, DVD방, 청소년오락실, 약국, 의원, 학원 등

단순 폐업일 때 불이익 방지하세요

가게 문 닫았다고 모든 게 다 끝난 게 아닙니다. 폐업 후 세무서에서 날아오는 고지서를 보고 깜짝 놀란 경험을 해보신 분들 계시죠? 폐업을 단순히 가게 문 닫는 것으로 간주하면 생각지도 못한 불이익을 받을 수 있습니다.

다음은 단순 폐업일 때 세무 처리입니다.

1 세무서에 폐업신고서 제출

2 부가가치세 확정 신고

3 종합소득세 신고(다음 해)

4 **원천세 신고 및 지급명세서 제출**(인건비가 있는 경우)

폐업 시 세금 신고를 제대로 하지 않으면 추후 가산세까지 물어야 하므로 꼭 해야 합니다.

사업자는 차량 구매 시 무조건 리스가 좋을까?

개념정리만 간단히 하겠습니다. 사업자는 할부구매보다 리스나 렌트가 유리하다?

정답은 아닙니다. 할부, 리스, 렌트…. 모든 일이 그렇듯이 각자 장·단점이 공존합니다. 결론은 위 세 방식 모두 종합소득세 비용 처리가 가능하다는 겁니다(단, 여러 번 설명했지만, 적격증빙은 사업과 연관성이 있을 때 한정합니다).

'어떤 방식으로 차를 구매해야 할까?'를 선택할 때 '사업자니까 리스, 렌트'라는 등식은 절대 아닙니다. 경비 처리가 아니라 소유의 관점에서 보는 게 정답입니다.

할부는 본인 소유, 리스나 렌트는 본인 소유가 아닙니다. 쉽게 예를 들면, 할부로 차를 뽑으면, 건강보험료가 인상됩니다(내 재산이 늘어난 것이니까요). 하지만 리스나 렌트로 차를 구매하면 전과 똑같습니다(내 재산이 아니고, 캐피탈 렌트 회사 소유이기 때문이죠).

본인 상황을 꼼꼼히 따져보세요.

국세청의 친절한 협박편지

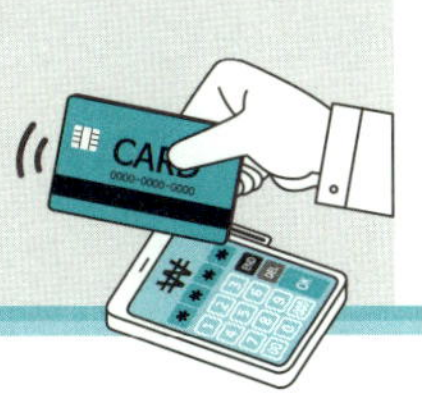

국세청이 납세자들에게 보내는 사전 성실신고 안내장에 대한 불만의 목소리가 높습니다.

사전 성실신고 안내제도 도입 후 소득세, 법인세, 부가가치세 등 주요 신고납부세액이 크게 늘면서 세수 증대에 효자 노릇을 하고 있지만, 납세자로서는 경고장이나 다름없어 불안하기 이를 데 없습니다.

얼마나 벌고 있는지 국세청은 다 알까요? 국세청이 안내한 대로 신고하지 않으면 당장 세무조사를 받을 것 같은 불안감은 장기불황에도 초과 세수를 달성하는 원동력이 되었습니다.

나름대로 공신력 있는 데이터를 통해 제시한 대로 이행하기를 압박합니다. '00님 좀 적게 신고한 듯?' 이런 식이지요. 실제로 사전 성실신고 안내장에는 사업자가 예전에 신고한 자료는 물론 업계 전체 자료가 참고용으로 함께 제시되기도 합니다.

'업계 전체는 이런데 당신은 이런 수준이니, 이 부분의 신고가 잘못되었을 수 있다. 잘 보고 신고하라' 이런 식입니다.

혹, 우편이나 홈택스 신고도움서비스에서 위 내용을 경험한 사장님들은 신고하실 때 언급한 부분만큼은 좀 더 신경 쓰시고, 세무조사는 특별한 경우를 제외하곤 불시에 들이닥치지 않으니 너무 두려워하지는 마세요.

일반과세인 식당을 인수하려는데…

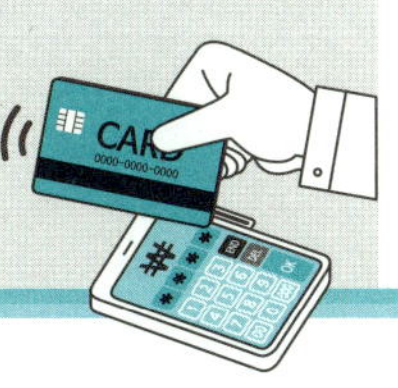

질문 일반과세인 음식점을 인수합니다. 전 주인이 폐업신고를 하고 제가 사업자를 내면 저절로 일반과세사업자가 되나요? 아니면 간이과세사업자로도 가능한가요? 저는 처음으로 오픈하는 건데요.

답변 양도하는 분과 상관없이 간이과세 사업자로도 가능합니다. 단, 세무서마다 약간의 차이가 있고, 간이과세 자체가 안 되는 지역이 있으니 관할 세무서에 문의해보세요.

(150쪽, 사업자 과세 유형을 참고하세요.)

건물주가 간이과세자일 때 주의할 점

건물주가 간이과세 사업자이면 세금계산서를 끊어줄 수가 없습니다. 부가가치세 신고 시 매입세액 공제를 받을 수 없다는 뜻입니다. 하지만 종합소득세 신고 때는 경비로 인정받을 수 있습니다.

예를 들어, 월세 100만 원에 부가세 10만 원 총 110만 원짜리 세금계산서를 받으면 부가세 100,000과 소득세 60,000원(소득세율을 6%라 가정하면)을 더한 총 160,000원이 절약될 겁니다. 그러나 세금계산서를 받지 못하면 부가가치세 공제는 없고 소득세 66,000원(110 × 소득세율 6%로 가정)이 절약되는 겁니다.

사업자등록증 대리발급

질문　사업자등록증 대리발급이 가능한가요?

답변　부득이하게 대리인을 통해 발급받아야 한다면, 사업자의 신분증 사본을 가지고 사업자등록 신청서를 작성하면 됩니다.

사업자등록증 서식 내에 대리인에 대한 내용을 적고 서명 또는 도장을 찍게 돼 있습니다. 또한, 대리인으로 가시는 분의 신분증도 꼭 챙겨가야 합니다.

가기 전에 하려는 업종이 허가가 필요한 업종은 아닌지 꼭 확인하고, 허가가 필요한 업종일 때는 허가 또는 신고증도 꼭 지참해야 합니다. 꼭 관할 세무서에 확인부터 하세요.

개인사업자 명의대여 후 세금 체납

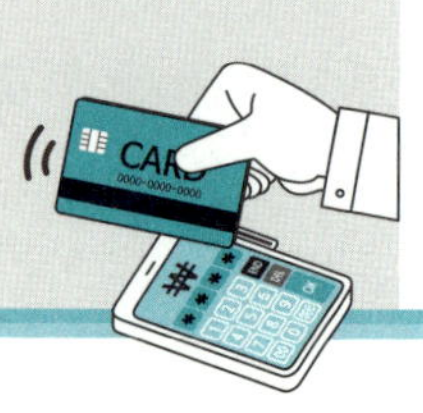

질문 개인사업자의 명의를 대여해준 뒤 세금 체납에 4대 보험 미납이 문제 돼 고통받은 분이 계십니다. 이때는 실사업주가 미납분을 납부하게 할 수 있을까요?

답변 이때는 세무서에 자진신고 하면 실질 과세원칙으로 실사업자에게 세금을 돌릴 수 있습니다. 물론 적절한 증빙이 필수입니다. 세무서에 부탁할 때 통화는 안 됩니다. 꼭 방문하세요. 통고서를 가지고 가면 4대 보험 미납 역시 실사업자에게 돌릴 수 있습니다. 공무원은 국민의 봉사자입니다. 만일 어떠한 이유로 처리가 어렵겠다고 할 때는 담당 공무원 이름과 소속 부서 등을 물어보시고, 그 근거를(법률, 시행규칙 등) 제시해 달라 요구하세요. 그 근거를 토대로 국민신문고에 억울함을 호소하는 방법도 있습니다.

인테리어 공사 중 미용실 오픈 시 신고 절차

1. 미용사 면허증

관할 시청이나 **구청의 위생정책과** 또는 **위생관리과**에 신청합니다. 미용에 관한 영업을 하려면 공중보건위생법에 의거 면허가 필요합니다(미용 관련 고등학교 졸업자, 미용 관련 2년제 대학 졸업자, 4년제 미용 관련 학과 졸업자, 미용사 자격증을 취득한 자). 미용사 면허증으로 미용영업과 피부 영업 둘 다 운영할 수 있습니다.

미용사 면허증 제출 서류는 다음과 같습니다. **관련 학과 졸업증명서 또는 미용사 국가 자격증, 신분증, 반명함판 사진 2장, 건강진단서, 본적지 주소**

2. 미용업 영업 신고

영업장 소재지 관할 보건소에서 합니다. 구비서류는 다음과 같습니다.

임대차계약서, 위생교육필증, 시설 및 설비 개요서, 신분증, 면허증 원본

3. 사업자등록 신청

관할 세무서에서 처리합니다. 구비서류는 다음과 같습니다.

사업자등록 신청서, 임대차계약서, 영업신고필증

시작은 무조건 간이과세사업자로 하는 게 유리합니다.

간이로 해야 했는데,
일반으로 다시 할 수 있을까?

질문 사업자를 일반과세로 내버렸어요. 간이과세로 다시 가능한가
요?

답변 일단 사업자를 8월에 일반으로 등록했다면, 올해 드러난 매출
이 2,000만 원 미만일 때 내년 7월 자동으로 간이과세자로 전
환됩니다(연 4,800만 원 미만을 달로 계산하면 400만 원이므로). 물론 세
무서에서 간이과세 전환통보 우편물도 옵니다.

주의할 점은 내년 1월, 7월 두 번의 부가세 신고는 일반으로,
내후년 1월 부가세 신고는 간이방식으로 하면 됩니다.

위 답변은 교과서적이었고, 관할 세무서에 가면 사업자등록

을 담당하는 직원이 따로 있습니다. 사업자등록을 낸 시기가 오래되지 않았다면, 일단 부탁해보세요. '실수로 일반으로 등록을 했는데, 간이로 다시 낼 수 없을까요?'라고 아주 정중하게 말이지요(늘 얘기했듯이, 부탁을 해야 하는 상황이라면, 전화로는 하지 말고 방문해서 정중히 부탁해 보세요). 꼭 그렇진 않지만, 간혹 부탁을 들어줄 수도 있습니다.

또 하나의 방법은, 폐업 후 다시 간이로 사업자를 내는 방법도 있습니다.

음식점 사업자등록 절차

A 씨는 퇴직 후 퇴직금으로 치킨집 창업을 준비해왔습니다. 시설 공사도 마무리 단계에 있습니다. 치킨집을 창업하는 데 사업자등록 절차는 어떻게 될까요?

음식점의 경우 보건증, 위생교육수료증, 수질검사성적서, 도시가스공급서 등 구청마다 필요로 하는 서류가 다양하므로 세무서 방문 전 관할 시·구청 세무과에 필수 서류를 먼저 확인해야 합니다.

위 서류가 준비됐다면 관할 세무서에서 사업자등록신청을 합니다. 임대차계약서 사본이 필요합니다. 당연히 사업자 본인 명의로 돼 있어야 합니다. 본인이 직접 신청할 때는 본인 신분증과 도장을 준비해야 합니다(대리인도 발급 가능).

통상 사업자등록 신청 접수 후 3~5일 뒤 이상이 없음이 확인되면 사업자등록증이 발부됩니다.
시간을 절약하는 팁으로는 사업장 관할 세무서에서 접수한 후 사정이 급해 바로 해줄 수 없냐고 부탁하면, 담당 조사관 재량으로 크게 문제 되지 않는다고 판단될 때 당일에 사업자등록증을 발급해 주기도 합니다.
사업자등록의 형태는 간이로! 대다수의 경우 간이가 유리합니다.

간이에서 일반으로 바뀌어
기장을 맡긴다는데

질문 간이에서 일반으로 바뀌어서, 기장이란 걸 맡겨야 할 듯한데 세무대리인을 써야 하나요?

답변 질문 자체가 잘못됐습니다. 첫째, 간이는 기장을 안 하고 일반은 기장을 해야 한다? 기장의 의무는 있습니다. 복식부기의무자가 됐을 때 기장하지 않고 종합소득세 신고를 하면 무기장가산세가 부과됩니다.

간편장부대상자이고 추계신고를 한다면 기장을 안 해도 됩니다. 기장의 기준은 간이, 일반이 아닙니다. 기장은 사업을 하는 그 순간부터 세금 신고와 상관없이 해야 합니다. 누차 강조하는 매입 장부를 작성하는 순간부터 절세는 시작됩니다

둘째, 기장을 해야 하는데 세무대리인을 써야 한다? 기장은 직접 해도 됩니다.

설령 복식부기의무자라 하더라도 장부 자체를 종합소득세 신고 시 제출하는 게 아니고, 복식부기 방식으로 신고하면 됩니다(월 기장료는 주지 말고, 종합소득세 신고 시 대행수수료만 주고 세무대리인을 고용하는 방법도 괜찮습니다).

절세는 본인이 하는 것입니다. 세무대리인이 전문가라 할지라도, 내 일처럼 하지는 않습니다.

일용직 세금 계산이 헷갈립니다

일용직이란 하루를 단위로 지급하는 임금인 일당을 받는 노동자나 고용 계약 기간이 정해진 기간제 노동자를 말합니다. 가령 건설업이나 이삿짐센터 등 하루에 일이 끝나고 당일에 임금을 받는 노동자가 여기 해답합니다.

일반적으로 일용직 노동자는 3개월 이상 근무하지 않는 근로자를 말하지만, 건설업에서는 1년 미만인 자로 예외적인 규정이 적용됩니다.

일용직 세금 계산 방법입니다.

소득세 = (일 급여 − 15만) × 6% × 55%

지방소득세 = 소득세 × 10%

위 공식으로 계산하면 일용직 일당이 150,000원 이상일 때 세금이 부과됩니다.

일용직 일당이 150,000원이 넘어가더라도 세금을 내지 않는 경우가 있습니다. 예를 들어 일당이 187,000원이라 가정해보면,
(187,000원 − 150,000원) × 6% × 55% = 999원

그런데 세법에서는 소액부징수라는 규정이 있어 세금이 1,000원 미만이면 징수하지 않습니다. 그런데, 한 달 중 187,000원의 일당을 받는 날이 하루라면 소액부징수 규정이 적용되지만, 187,000원으로 10일 근로를 제공했다면 세액이 9,990원으로 소액부징수 규정이 적용되지 않고 분리 과세됩니다.

일용직도 4대 보험에 가입해야 하나요?

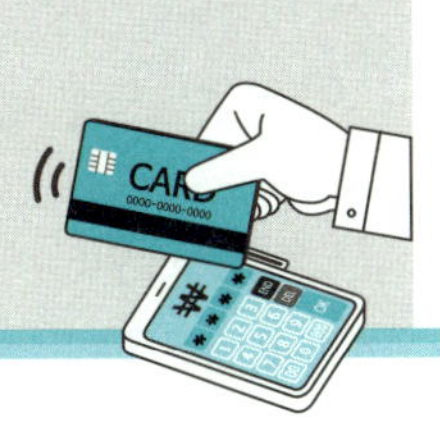

사업주가 일용직 인원을 고용하고 급여를 지급했다면 고용보험 및 산재보험에 가입해야 합니다. 이는 근로일수나 근로기간에 상관없으므로 유의해야 합니다.

단, 국민연금과 건강보험은 고용 계약이 1개월 이상인 경우에만 해당합니다. 건설업일 경우에는 1개월 이상이더라도 근로계약서가 없다면 월 20일 이상을 근로하지 않은 때에 한해 가입 의무가 없어집니다.

25

일용직 신고 방법

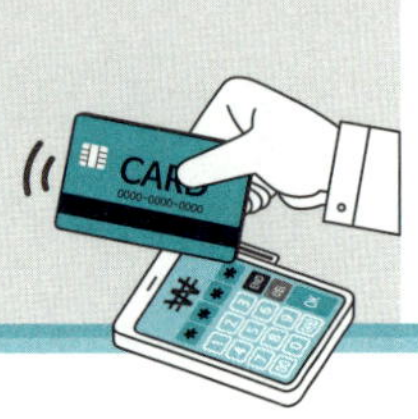

일용직 등록 절차를 묻는 사장님들이 있습니다.

1 근로내용확인신고서라는 양식에 근로일수, 시간, 직종 등을 써넣어 근로복지공단에 제출해야 합니다. 근로 제공일 다음 달 15일까지 신고합니다. 미제출 때는 인당 50,000원의 가산세가 부과됩니다.

2 상용직과 마찬가지로 원천징수 이행상황신고서를 작성해 지급일 다음 달 10일까지 신고하면 됩니다. 중요한 점은 원천징수를 하지 않아 지급액이 없다고 해도 신고 의무는 있다는 것입니다.

3 지급 조서 제출 의무가 있습니다. 매 분기 다음 달 말일까지 즉 4
월, 7월, 10월, 2월 말까지 3개월간 지급한 근로 내용에 대한 지급
조서를 국세청 또는 관할 세무서에 제출해야만 합니다. 이 또한 미
제출 시 가산세가 있으므로 주의합니다.

정리해보면, 일용직 근로자를 고용하고 급여를 지급했다면,
근로내용확인신고서를 근로가 발생한 다음 달 15일까지 근로
복지공단에 신고합니다.
원천징수 이행상황신고서를 작성해 지급 월의 다음 달 10일
까지 관할 세무서에 제출합니다. 매 분기 다음 달 말일까지 지
급 조서를 제출합니다.

26

건물주의 다운계약서 요구

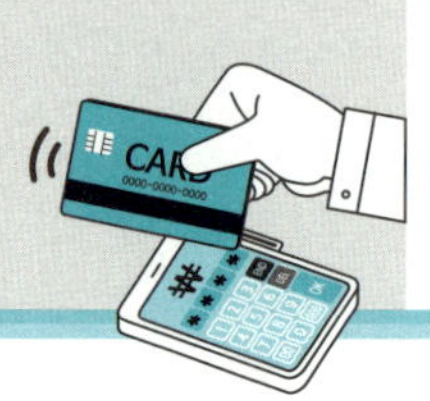

건물주랑 임대차계약서를 쓸 때, 본 계약서가 아니라 다운계약
서를 쓴 사장님들 계시지요?

건물주의 어떠한 이유로 다운계약서를 쓰자고 요구하면. 참
난감합니다. 세무적인 관점에선 다운한 만큼의 손해를 보기도
한답니다(그 금액만큼 매입공제, 종합소득세 비용 처리가 불가능하므로).
건물주의 제안이니 거스르기도 무척 어렵죠(필자도 그런 적이 꽤 있었
네요). 그런데, 다른 관점에서 접근해 보면 건물주의 다운계약서
요구가 건물주의 발목을 붙잡을 수도 있습니다. 다운계약서를
쓰고 본 계약서에 정한 금액으로 임대료를 계산하는 그 순간
부터 건물주의 탈세는 시작되는 셈이니까요.

이미 눈치 빠른 사장님들은 알아채셨을 겁니다. 건물주는 발목이 제대로 잡힌 겁니다. 예를 들어 임대차계약을 5년 동안 했고, 다운된 금액이 매달 100만 원이라면. 6,000만 원의 탈세가 생긴 겁니다. 여기에 가산금까지 더하면 돈이 많은 건물주라 할지라도, 이만저만한 손실이 아닐 수 없죠. 다운계약서를 요구하고 들어주는 순간, 건물주는 더는 임차인과 그 가족들에게 갑질을 할 순 없답니다(임대차계약 만료 후 원상복구 등 요구는 건물주로서 더는 할 수가 없죠).

반드시 본 계약서, 다운계약서 1부는 가족이 가지고 있어야 하고, 임대료는 꼭 건물주 명의의 계좌로 송금해 증빙을 갖춰놓으세요. 그럼 다운계약의 손해보전은 충분히 가능합니다.
철저히 사장님 편에서 말씀드린 것이라 이를 너무 악용하지는 마세요.

27

국민연금 납부유예와 납부예외

요즘 누구 할 것 없이 힘드시지요? 사업을 하다 보면 사업체를 계속 운영하지만, 여러 이유로 매출이 저조할 때가 있습니다. 이럴 땐 최장 6개월간 국민연금 유예가 가능한 납부유예 제도를 눈여겨보세요. 신청은 아주 간단합니다.

관할 지역센터에 전화해 납부유예 신청을 하고 안내받은 팩스나 메일로 확인서 작성 후 다시 팩스나 메일로 발송 후 확인 전화만 한 번 더 하면 됩니다. 그럼 6개월은 연금을 미룰 수 있습니다.

납부예외라는 제도도 있습니다. 지역가입자로서 수입과 매출이 전혀 없을 땐 3년 단위로 납부예외 신청이 가능합니다.

보증금 반환,
건물주가 차일피일 미루는데

이사를 하고 싶다면 주택임대차보호법에 따라 계약 만료 1개월 전까지 집주인에게 통지(내용증명, 문자, 대화 또는 통화녹음)하면 됩니다. 별다른 통지를 하지 않으면 자동연장(묵시적 갱신)이 됩니다. 이때 임차인은 언제든 해지 통보를 할 수 있고, 해지 통보를 한 때부터 3개월이 지나면 해지됩니다.

임차인과 집주인 간에 갈등이 가장 많은 부분이 보증금 반환 문제입니다. 계약 만료일에 이사한다면 보증금 반환도 동시에 이루어져야 맞습니다. 기존 임차인이 새로운 임차인을 구해줄 의무도 없어요.

하지만 집주인이 새로운 임차인을 구하기 전까지는 보증금을 돌려줄 수 없다거나 보증금 반환 날에 관한 기약이 없다면 법적인 절차를 밟는 방법이 있습니다.

내용증명으로 보증금 반환을 요청하고 임차권 등기명령 신청을 합니다. 보증금 지급명령 신청과 추후 압류 등의 조처를 할 수 있습니다.

보증금을 받지 못했는데 불가피하게 이사해야 한다면 임차권 등기명령 신청을 반드시 해야 합니다. 그전에 이사하면 대항력과 우선변제권이 사라져 집이 경매로 넘어갔을 때 보증금을 안전하게 지킬 수 없기 때문입니다. 임차권 등기명령 신청과 임차권 등기 비용은 집주인에게 청구할 수 있습니다.

계약 만료를 일주일가량 남겨두고 집주인이 갑작스럽게 보증금이나 월세를 인상하겠다고 통보할 때도 있는데, 임차인이 따라야 할 법정 의무는 없습니다. 임대인은 계약 만료 6개월 전부터 1개월 전까지 임대차계약조건 변경을 임차인에게 통보하지 않으면 임대차계약은 종전 계약과 같은 내용으로 묵시적 갱신이 되기 때문입니다. 묵시적으로 갱신된 임대차의 경우 계약 기간은 2년입니다.

실수로 세무 신고를 잘못하면 어떻게 해야 하나요?

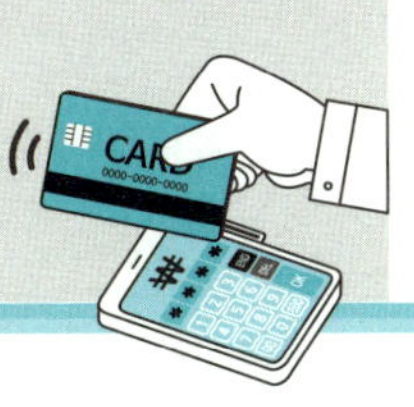

국세청에 신고하는 과정에서 실수가 있었다면 빨리 수정신고를 해야 과소신고가산세를 감면받을 수 있습니다. 6개월 이내에 바로잡으면 가산세(본세의 10%)의 50%가 감면되고, 1년 이내에는 20%. 2년 이내에는 10%의 가산세가 감면됩니다.

세금을 1천만 원을 덜 낸 사실을 알고도 가만히 있으면 100만 원의 과소신고가산세를 내야 하지만, 6개월 이내에 신고하면 50만 원으로 줄어듭니다.

국가로서는 정확한 세금을 이른 시간 안에 확정하니 좋고, 납세자는 가산세를 절감하니 서로 이익입니다. 수정신고를 일찍 하는 것도 절세의 한 방법입니다.

알고 보면 쉬운
부가가치세 용어

❶ 2019년 말까지 세무조사 유예, 짚고 넘어갑시다

2018년 8월 16일, 국세청이 내수진작 차원에서 자영업자와 소상공인의 세무조사를 2019년 말까지 한시적으로 유예하는 방안을 발표했습니다. 문재인 대통령의 지시였다고 합니다.

국세청은 전날 연간 수입금액이 일정 금액 미만인 소규모 자영업자 519만 명을 대상으로 세무조사 착수를 내년 말까지 유예하고, 세무조사 선정에서도 제외하는 내용을 골자로 한 자영업자 소상공인 세무부담 축소 및 세정지원 대책을 발표했습니다.

위 내용이 뉴스에 보도된 뒤로 자영업자 커뮤니티에서는 '그럼 내년까지는 대놓구 탈세함 되겠네' 요런 반응들을 제법 보이는데, 이건 굉장히 큰 오해입니다.

세무조사에 관해 반복해서 말씀드리지만, 정부 발표를 떠나서 영세 자영업자는 세무조사 안 나옵니다(2016년 기준 0.1%, 대략 영세 자영업자를 기준으로 5,000여 명 정도만이 세무조사를 받았습니다. 소명 요청도 세무조사의 한 형태랍니다).

그런데 드러내 놓고 탈세하는 경우에는 영세 자영업자라 하더라도 무조건 소명 요청이 들어옵니다(예를 들어 드러난 매출의 축소, 불공제 매입의 매입공제 등).

정부의 이번 발표는 2019년 말까지 소명 요청을 안 하겠다는 얘기입니다. 거꾸로 말하면 2020년부터 소명 요청을 하겠다는 뜻입니다. 그러니, 사장님들은 절대 탈세하면 안 됩니다.

❷ 부가가치세 예정 고지

부가가치세 예정 고지라는 게 있습니다. 개인사업자의 부가가치세 납부 부담과 국가 세수 확보의 안정성을 고려해 양자 간 부담을 줄이려고 개인사업장이 별도의 예정신고 없이 직전 납부한 부가가치세의 50%에 해당하는 금액을 미리 고지받아 납부하는 제도입니다.

예로, 올 1월 부가가치세를 50만 원 납부했다면, 일반과세자는 4월 25일까지 예정 고지 250,000원을 납부하는 식입니다. 간이과세자는 7월 25일까지 예정 고지 250,000원을 납부해야 합니다.

부가가치세 예정 고지 제도로 납부한 예정 고지세액은 다음 부가가치세 확정 신고 때 기 납부세액으로 처리돼 공제됩니다.

개인사업자에게는 부가가치세 예정 고지와 미리 납부하는 것이 원칙적으로 규정돼 있어 예정 고지세액을 납부하지 않으면 가산금이 부과됩니다. 납부기한이 지난 후 1개월 이내에 납부하면 세액의 3%만큼 가산금이 부과됩니다. 확정 신고 기한까지 납부하지 않으면 추가로 세액의 1.2%만큼 중가산금이 부과됩니다.

부가가치세 예정 고지는 부가가치세를 신고하는 것이 아니라 고지서 금액(전 납부금액의 50%)을 납부하는 겁니다.

PART 6

왜 세금 책은 세무사만 쓸까?

_ 아무도 말하지 않는 세무사의 영업비밀

기장, 기장료, 조정료

'기장'은 장부를 작성한다는 뜻입니다. '기장료'는 세무대리인에게 장부 작성을 의뢰하고 일정한 수수료를 매달 지급하는 장부 작성 수수료입니다.

'조정료'는 소득세 신고 때 세무조정을 한 후에 신고해야 하므로 조정했다고 하고 이를 조정료라 부릅니다. 일 년에 한 번만 합니다.

'신고대행수수료'는 부가가치세, 종합소득세 신고 기간에만 잠깐 신고대행을 의뢰하는 상황에 해당합니다.

내가 주는 세무대리인 비용 적절한가?

간편장부대상 기준경비율로 처리하는 경우입니다. 복식부기의무자, 간편장부대상 단순경비율로 안내장을 받은 사업장은 별도로 다루겠습니다.

유일하게 세무대리인이 주장하는 절세가 맞는 경우가 딱 하나 있습니다. "간편장부 대상자이며 기준경비율로 처리하는 경우에 나라에서 원하는 복식부기 장부처리를 하면 종합소득세 내실 때 세액공제를 20% 할인받으실 수 있습니다."

쉽게 풀이하면 종합소득세가 100만 원 나왔는데 복식부기 장부로 처리하면 20만 원 할인받는다는 말입니다. 복식부기 장부는 회계 상식이 있어야 하기에 개인이 하기엔 무리입니다. 흔히 말하는 기장료가 이것입니다.

따라서 간편장부는 기장료 따위를 받으면 안 됩니다(그러나 실제 많은 회계사 사무실에서 받고 있죠). 정리하면, 간편장부 대상자이며 기준 경비율로 처리하는 사장님들은 세무대리인 끼고 할 거면 복식부기로 장부를 처리했는지 꼭 확인해보세요.

세무대리인 기장료는 다음과 같이 예를 들어볼게요. 종합소득세가 200만 원이 나왔는데 조정료를 40만 원 주면 종합소득세 20% 할인받아 160만 원, 조정료 40만 원. 그럼 세무대리인 쓸 필요가 없는 거고 30만 원 주면, 그네들 덕에 10만 원 아낀 게 됩니다. 고맙게도 말이지요. 세무대리인의 세무조사 나온다는 공갈에 속지 마세요. 만약 세무조사 나오면 난처한 건 그네들입니다. 간판 내려야 하거든요.

세무대리인 비용 줄이기

세무를 공부하는 방법은 여러 가지입니다. 관련 책을 보거나 교육 또는 강의를 들으면 됩니다. 물론 공부해도 도통 이해가 가지 않는다는 분들이 있습니다. 그럴 때라면 부득불 세무대리인 도움을 받아야겠지요.

세무대리인을 고용하면 보통 월 기장료란 명목으로 매월 10만 원 전후의 비용을 지급하고, 종합소득세 신고 시 조정료란 명목으로 30~50만 원 정도를 추가 지급해 1년이면 150만 원가량을 지출합니다. 10년 사업한다면 1,500만 원, 결코 적은 돈이 아닙니다.

셀프로 신고·납부한다면 그 비용 전액을 고스란히 아낄 수 있겠으나, 여러 가지 사정으로 세무대리인을 꼭 써야 한다면, 신고대행수수료만 지급하는 방법을 추천합니다.

말 그대로 신고 때만 수수료를 주는 겁니다. 보통 부가세 신고는 5~10만 원, 종합소득세 신고는 30~50만 원 정도를 요구합니다. 만일 신고대행수수료만 지급한다면 연간 100만 원 정도 비용을 절약할 수 있습니다.

한 번 더 강조하자면 세무대리인을 쓰든 아니든 적격증빙에 걸맞은 올바른 매입이 핵심이고, 그 매입은 사장님들이 직접 기록해야 한다는 점입니다. 가장 큰 절세의 지름길입니다.

세무대리인 고용하면 세무조사가 안 나온다?

세무대리인 유무로 세무조사가 나오는 게 아닙니다. 작년 기준 영세 자영업자의 0.1% 정도만(대략 5,000여 명 남짓) 세무조사를 받습니다. 앞서 영세 자영업자는 세무조사가 나오지 않는다고 했는데, 아래 세 가지 경우에는 세무조사가 나올 수도 있으니 참고하세요.

1   드러난 매출의 축소 신고

2   불공제 매입의 매입공제

3   연속적인 부가세 환급

위 세 상황에 해당해 설령 세무조사를 받더라도, 우편물로 소명통지서 형태로 나오니 막연한 두려움은 떨쳐버려도 됩니다.

5

꼭 세무대리인을 써야 할까?

요즘 같은 불경기(자영업자들은 한 번도 경기가 좋았던 적이 없었다는 웃픈 이야기를 합니다.)라면 세무대리인이 부담될 수 있습니다. 부가가치세는 어느 정도 예측이 가능하지만, 종합소득세는 세무 상식 없이는 예측하기가 어렵습니다. 그러다 종합소득세 안내장 받고는 화들짝 놀라고는 하죠?

간단하게 꼭 세무대리인을 써야 할 때가 있습니다. 복식부기 의무자(보통 한 달에 10만 원 내외. 종합소득세 신고 시 조정료 50~100만 원 추가. 통상 이렇게 평균적으로 회계사 사무실에 지급합니다.)인 경우입니다.

여기에 해당하지 않으면 거의 간편장부대상자라 봐도 무방합니다. 간편장부대상자이면서 기준 경비율로 처리해야 하시는

분은 혼자서도 가능합니다만, 상식이 없어 힘들다 하면 신고
대행수수료만 지급하고(연 20~30만 원 정도) 세무대리인 쓰면 됩니
다.

간편장부대상자이시면서 단순경비율로 처리한다면 무조건 스
스로 하세요. 어렵지 않습니다.

이 책을 읽고 나면 충분히 할 수 있습니다. 벌써 자신감이 생
기지 않나요?

6

세무대리인의 흔한 갑질

필자도 부도 전에는 나름대로 업계에선 알아줄 만큼 매출 규모가 컸습니다. 당시에는 세무대리인을 고용했습니다.

솔직히 세무대리인을 고용하지 않고 스스로 처리하면 세무서에서 세무조사 나오는 줄 알았습니다(하나 영세사업자들 절대 세무조사 나오지 않습니다. 참고로 식당, 주점, 미용실 등 서비스업 90% 이상이 영세사업자입니다).

신고철만 되면 바빠 죽겠는데 세무사 사무실에서는 "이날까지 자료 준비하세요. 이날밖에 시간 안 됩니다." 하면서 재촉하기 일쑤입니다. 내가 돈 내고 내가 고용하는데 질질 끌려다니기 일쑤였습니다. 심지어 자료까지 찾아 갖다 주면서.

이제야 안 사실이지만 그네들 속성은 절대 우리 편이 아니라는 것. 말로는 절세, 절세하면서 딱 법의 테두리 안에서 정해진 공식대로만 처리합니다.

그땐 세무 상식이 거의 없었기에 그네들 말은 꼭 들어야 하는 줄 알았습니다. 툭하면 세무조사 나온다고 협박이나 하고 말이죠. 지금 생각해보면 다 세무 상식이 없었던 필자의 불찰입니다.

세무 상식을 주위에 누누이 강조하는 이유도 내 돈 쓰고 내가 부리는 건데 요즘 같은 불경기에 세금 한 푼이라도 아끼려면 들들 볶아야 한다는 걸 강조하려는 데 있습니다. 이거 경비 처리되는데, 자료 증빙할 테니 처리해라, 큰소리치면서 말이죠. 시쳇말로 널린 게 회계사 사무실입니다. 끌려다니지 마세요.

7

세무대리인마다 상담 답변이 다른 이유

세무대리인과 상담하고 난 뒤에 '왜 세무대리인마다 답변이 다르지'라고 의아할 때가 종종 있습니다. 사실 세무 업무에서는 어느 세무대리인이 하든지 크게 차이는 없습니다.

다만 큰 틀에서는 엇비슷한 답변이어도 세부적인 부분이나 쟁점 부분에서는 견해 차이가 날 수는 있습니다. 왜일까요?

첫째, 세무대리인이 그 분야의 전문가가 아닐 수도 있기 때문입니다. 의사도 전공의가 있듯이 세무사도 마찬가지로 이해하면 빠르겠네요.

둘째, 상담하는 고객이 제한된 정보만 제공할 때 그럴 수 있습니다. 상담할 때는 가능하면 모든 걸 솔직하게 오픈하는 게 좋습니다.

셋째, 여러 가지 쟁점이 꼬인 경우일 수 있습니다. 복잡한 상황이면 세금 문제를 풀어가는 방식에서 여러 가지 다양한 견해가 나오기도 합니다.

넷째, 상담료를 지급했는지, 아는 사람 소개로 상담하는지, 세무대리인이 적극적인지에 따라서 달라지기도 합니다.

세무대리인과 신뢰 관계가 깨졌어요

세무대리인과의 관계는 신뢰 관계입니다. 세무업이라는 직업은 고객에게 신뢰를 파는 직업이라 생각합니다. 상호 신뢰가 어느 정도 있어야 사업에 관한 세금 문제 등 금전적인 문제까지 터놓고 얘기할 수 있는 것 아닐까요?

오랫동안 맡겼다고 해서 신뢰 관계가 깨졌는데도 억지로 관계를 유지하려고 할 필요는 없습니다. 그렇기에 본인 세무업무를 친한 세무사에게 맡기는 것보다 일면식도 없는 세무사에게 맡기는 게 더 나을 수도 있습니다. 비즈니스 관계가 틀어지면 인간관계도 멀어지니까요.

세무대리인을 바꿔야 할 시점은… 종합소득세 신고 직후가 가장 이상적입니다.

세무대리인을 쓰면 세금이 적게 나온다?

여전히 많은 사장님이 세무대리인을 쓰면 세금이 적게 나온다고 생각합니다. 아닙니다!

아시다시피 세금 계산은 정해진 공식대로만 이뤄지기에 제아무리 유능한 세무대리인이더라도 별수는 없습니다. 당연히 세무 상식이 있으니 잘 챙길 뿐입니다.

지인 소개로 한 세무대리인을 10년 이상 고용했던 적이 있습니다. 월 33만 원씩 주고, 종합소득세 조정료는 몇백만 원씩 주면서 말이죠.

물론 그 당시 세무 상식도 없고, 배울 생각은 더더욱 없었습니다. '전문가에게 맡겼으니 알아서 적게 나오게 해주겠지'라고 생각했습니다. 많은 사장님처럼요.

에피소드가 하나 있습니다.

몇 년도인지 정확히 기억나지는 않지만, 부가가치세 신고를 며칠 앞두고 세무대리인으로부터 전화가 왔습니다. '사장님 큰일 났어요. 이번 부가가치세가 1,000만 원도 넘을 거 같아요. 매입 자료 더 안 될까요?'라고 말이지요.

매입 자료야 늘 부족하니 이번 세금 좀 나오겠구나 하고 생각은 하고 있던 차였는데 웬걸 엄청나게 나온다고 하니 순간 하늘이 노래지는 겁니다. 그래서 고정매입거래처에 7% 주고 매입 자료를 샀습니다(3,000만 원 정도를 210만 원 주고 말이지요).

부가가치세 신고 당일 날, 사무장에게서 전화가 왔습니다. '사장님 500만 원 밑으로 낮췄습니다. 너무 걱정마세요'

연일 '감사합니다 사무장님' 맘속으로 역시 세무대리인을 잘 뒀구나 싶어 엄청 뿌듯했습니다. 주위에 자랑질을 했지요. '요번 부가가치세 천 이상 나올 거를 우리 회계사무실에서 반 이상 절세해 줬다. 너희들도 회계사무실 바꿔라' 이러면서 말이지요.

어떻게 이런 촌극이 벌어졌을까요? 세무대리인이 유능해서?

다시 한번 복습해볼까요? '부가가치세 = 매출세액 – 매입세액'

어느 정도의 지식을 갖추고 생각해보면 무척 뻔한 답이 있습니다. 일단 3,000만 원 정도 매입 자료를 추가했으므로 대략 300만 원 조금 안 되는 금액은 스스로 해결한 겁니다. 그러고 나서 부가가치세 세액공제(앞 글에 있습니다. 신용카드매출세액공제)가 있습니다.

신용카드 신고금액이 2억 원이라면 공제율 1.3%로만 잡고 그것만 해도 260만 원 절세할 수 있습니다(정확한 금액은 기억나지 않지만, 2억 원 이상은 됐습니다. 그땐 세액공제율이 3% 정도 됐을 겁니다. 지금은 1.3%입니다).

답은 세무대리인에게 뛰어난 능력이 있어서가 아니라, 약간의 세무 상식만으로도 충분히 세금을 절약할 수 있었다는 셈이 됩니다. 세무대리인을 고용한다고, 세금이 절약되는 건 아닙니다. 오히려 직접 하면 매입 자료를 더 잘 챙길 수 있습니다. 그럴 때 진짜 세금(부가가치세)이 줍니다.

세무사를 만날 수 없는 사무실은 피하세요

세무를 상담하러 세무사 사무실을 방문하면 세무사와 직접 상담할 수 있는 곳이 있고, 실장이나 사무장 또는 직원과 상담하는 곳이 있습니다.

사업소득에 대한 일반적인 기장 상담이나 간단한 신고대행 상담은 실장이나 직원과도 할 수 있습니다. 그래도 세무사를 직접 만나야겠다 하면 당연히 세무사와 상담하게 해줄 겁니다. 하지만, 이런저런 핑계만 대면서 세무사를 볼 수 없는 사무실이 있습니다. 이런 곳은 사무장이나 실장이 명의대여를 통해서 운영될 확률이 높습니다.

증여세, 상속세, 양도소득세 같은 재산세나 세무조사, 불복 등은 반드시 세무사를 직접 만나서 상담해야 합니다. 본인의 세금 문제를 세무사가 아닌 실장이나 직원과 상담한다는 것은 병원에 가서 의사가 아닌 간호사에게 진료를 받는 것과 같습니다.

좋은 세무대리인의 조건

언제, 어떤 일이든 부담 없이 전화해서 사업에 관해 작은 논의라도 할 수 있는 편안하고 친절한 세무사를 찾아야 합니다. 그런 세무대리인은 상담이나 대화 몇 번 해보면 압니다. 하나 지나치게 친절만 해서도 곤란합니다. 짧은 경력과 실력 없음을 친절함으로 포장하는 사례도 있으니까요.

실력이 기본에 깔린 친절이어야 합니다. 본인의 친절만을 강조하는 세무대리인은 주의할 필요가 있습니다. 처음에는 친절하게 상담도 잘해주고 살갑게 대하더니 세무기장을 맡기고 난 뒤부터는 얼굴 보기 힘든 것은 둘째 치더라도 자기 사업에 대한 세금 문제에 관심이 없어진 것 같다고 말하는 사장님들이 있습니다.

권위의식이 강한 세무사도 있습니다. 이런 부류들은 상담할 때 불편해서 질문도 제대로 할 수 없습니다. 널린 게 회계사무실입니다. 물론 그들 역시 돈 안 되는 사람들은 별로라고 생각합니다. 이런 서글픈 현실은 우리가 공부를 멈출 수 없는 이유이기도 합니다.

요즘 같은 스마트 시대에는 회계사무실의 위치는 중요하지 않습니다. 세무 기장을 의뢰한 기장거래처의 경우 중요한 상담 정도만 만나서 할 뿐이고 보통은 전화 상담으로도 가능합니다. 필요한 자료는 메신저, 팩스, 그리고 이메일을 통해서 전달해도 충분합니다.

사무실에 거의 출근하지 않는 세무사는 실격입니다.

세무사가 외근하는 것도 아니고, 본인 사무실에 거의 출근하지 않는다면 그 사무실이 본인 사무실이 아니거나 거래처에 신경을 전혀 안 쓰고 있다는 방증입니다. 그런 세무사 사무실은 세무사가 자리에 거의 없으니, 세무 상담도 일반 직원이나 실장과 해야 합니다. 그러므로 방문하기 전에 세무사 상담을 예약하고, 만약 세무사 상담이 불가능하다고 판단되면 다른 세무사를 찾아보는 게 현명합니다.

경력이 최소 2년 이상 된 세무사가 좋습니다. 세무사 시험에 합격하면 6개월 동안 수습 과정을 거칩니다. 그 수습 기간이 체계적인 교육시스템을 통해서 이뤄지는 건 아닙니다. 수습 세무사들은 본인이 세무사 사무실이나 세무법인에 입사해서 실무를 배웁니다.

6개월 수습을 마쳤다고 모든 일을 할 수 있는 것도 아니고, 자기 전문 분야라 할 수 있을 만큼 실력과 경험도 쌓이지 않은 상태입니다. 어느 정도 자신이 전문이라고 말할 수 있으려면 합격 후 최소 2년은 지나야 하지 않을까요?

종합소득세가 5억이라고요!

모 카페에 게시글이 올라왔습니다.

2017년 매출이 20억 원인데 종합소득세만 5억 원, 세무대리인도 쓰고 있는데 어찌하냐는 하소연이었습니다(휴대전화매장을 2개 운영하는데 어쩌고저쩌고).

해당 사장님은 그 마음이 어떨까요? 그러게 평소 세무 공부를 해두지 않으면 이런 일이 생길 수 있습니다(세금은 미리미리 대비해야 합니다. 막상 닥치면 할 수 있는 게 없기 때문입니다).

이분 역시 세무대리인을 쓰고 있었지만(다달이 기장료 주고 또 조정료도 상당히 줘야겠지요), 세무대리인은 개인 자금담당 비서가 아니었던 거죠.

약간의 세무 상식만 있었어도 본인 명의 2개가 아니라, 실제 운영은 본인이 하더라도 명의를 나눴겠죠(종합소득세는 누진세개념이 라).

그리고 사전에 부가가치세도 상당한 금액을 납부했을 텐데 여러모로 아쉬움이 남았을 겁니다. 이때라도 사태의 심각성을 알고 대비를 해야 했는데 말이죠.

13

세무대리인은 언제부터 써야 하나요

흔히들 잘못 생각하는 것 중에 하나가 간이과세에서 일반과세로 전환되면 세무대리인을 쓴다는 말입니다. 답은 아닙니다. 내공이 조금 쌓인 사장님들은 아시겠지요?

세무대리인을 써야 하는 시기는 딱히 정해진 게 아닙니다. 세무 상식이 전혀 없는 사업자등록을 내면서부터 고용해야 하지만, 이렇게 공부하고, 내공을 쌓아가다 보면 부가가치세 정도는 매출에 상관없이 무조건 셀프 신고하고(부가세는 매출세액 – 매입세액 이게 다입니다. 다 아시죠?), 종합소득세신고 시 조정료만 주고 부리는 게 맞을 듯합니다(당연히 종합소득세도 열공하면 셀프 신고 가능합니다) 셀프 신고를 하다 보면 기본적으로 매입기록 하셔야겠지요.

몇월 며칠 재료 구매 얼마, 월세 지급 등등(이게 기장입니다. 기장이라고 거창한 거 아닙니다).

매출기록은 카드사 집계 일괄처리 가능하니, 매입기록만 그때그때 해놓으세요. 그래야 부가세 신고 시 간편하니까요.

세무대리인을 언제 써야 합니까? 정답은 사장님이 하기 나름입니다.

14

세무대리인이 하는 일

간이과세에서 일반과세로 전환됐으니 세무대리인을 써야겠다는 생각들이 많다고 했습니다. 세무를 조금이라도 공부하신 사장님들은 이젠 이러지 않겠죠?

세무대리인이 하는 일은 무엇인지를 한번 살펴봐야겠습니다. 대리기장, 대리보관, 대리신고. 크게 요약하면 이 세 가지가 전부입니다.

앞선 글에서 얘기했지만, 세무대리인을 고용한다고 무조건 절세가 되는 것은 아닙니다. 절세는 신고자 본인이 챙겨야 합니다. 평소에 매입 장부를 통한 매입공제를 빈틈없이 챙기고(물론 적격증빙의 형태로 말이죠), 각자의 사업자 유형에 따라 합리적으로 물건을 구매하는 등의 방식으로 말이죠.

세무대리인으로부터 '당신은 간이과세자이니, 물건을 매입할 때 자료 없이 싸게 사는 것이 득이니 매입은 이렇게 하세요'라는 답은 거의 듣질 못합니다.

세무대리인이 절세를 해주진 않습니다. 세법에 조금 밝으니 공식을 적절히 잘 활용하는 정도? 돈을 주고 고용하고 있는데도 이것저것 궁금한 점이 생기면 뭐합니까? 물어보려면 눈치 보이고 이만저만 불편한 게 아닙니다.
세무대리인을 쓰는 사장님들이라면 제대로 알고 부리시고, 세무대리인을 안 쓰는 사장님들이라면 하나하나 더 알아가면 됩니다.

15

내 세무대리인 믿음직한가?

세금 신고서를 국세청에 제출하기 전에 신고서에 세무사 이름이 있는지 꼭 확인해보셔야 합니다. 요즘은 전자신고를 해서 자동으로 세무대리인 이름이 들어가지만, 서면으로 제출하는 신고서에는 세무사들이 이름을 넣지 않는 경우가 종종 있습니다.

이는 대게 세무사가 아니라 사무장이 작성했거나 세무사 명의만 빌린 명의대여 사업자들인 경우입니다. 세무사 이름을 쓰면 나중에 문제 되리라는 걸 아니까 이름을 넣지 않는 겁니다. 신고서에 세무대리인 이름이 없으면 나중에 문제가 생길 때 세무사에게 책임을 물을 수 없으니 꼭 체크해야 합니다. 이름을 당당하게 넣고 책임지는 세무사가 믿을 만한 세무사입니다.

세무사에게도 전문 파트가 있습니다

병원을 운영하는 A 씨는 개원한 지 3년이 됐습니다. 현재 모 세무사에게 세무기장을 맡기고 있는데, 다른 세무사로 바꿀까 심각하게 고민 중입니다. 최초 개원할 때 그냥 본인이 운영하는 병원과 가까워서 맡기기로 했는데, 병원에 대한 세무문제나 병원만의 독특한 운영시스템을 이해하지 못하는 것 같아 의사소통이 잘 안 되는 탓입니다. 비슷한 매출 규모를 가진 다른 원장들과 대화를 해보면 A만 세금을 훨씬 많이 내고 있기도 합니다.

담당 세무사에게 물어봐도 속 시원한 답변을 듣지는 못했습니다. 알고 보니 세무업계에도 전문 분야가 있다는 사실을 알게 됐고, 병원 세무를 전문으로 하는 세무사를 찾는 겁니다. 세무사가 만능 해결사는 아닙니다. 모든 일을 다 잘 알 수도 없고, 다 잘할 수도 없습니다.

똑같은 심장 수술을 10번 해 본 의사와 1000번 해본 의사의 실력 차이는 어떨까요? 마찬가지로 같은 음식을 한 번 해본 사람과 100번 해 본 사람 중 누가 더 요리를 잘할까요?

여러 번 해 본 사람은 실력도 실력이지만 다른 세무사들이 알지 못하는 노하우도 많이 터득하고 있습니다. 참 쉽고 당연한 이야기인데, 전문가를 찾을 때는 솔직히 그 업종을 얼마나 했는지를 물어볼 수밖에 없습니다. "세무사님의 전문 분야는 어느 쪽입니까?" 하고 물어보세요.

첫 만남에서 세무사를 뜨끔하게
하는 질문

처음 세무사를 만났을 때 '세무는 모르니까 세무사님이 무조건 알아서 해주세요'라는 표현은 매우 좋지 않습니다. 세무사를 조금은 긴장시키면서 '이 고객은 세무사와 거래를 해봤구나'라는 인상을 주는 게 중요합니다.

1. 사무장인가요, 세무사인가요?

사무장인지, 실장인지, 세무사인지 여부를 묻는 질문이 세무사 사무실의 조직을 어느 정도 안다는 인상을 줍니다.

2. 기장료 또는 조정료는 어떻게 되나요?

세무사에게 매월 지급하는 세무관리비용이 기장료이고, 소득세 신고 기간에 세무조정의 대가로 지급하는 비용이 조정료입니다. 기장료와 조정료라는 단어를 사용하면 세무사는 '이분은 과거에 세무사를 이용해봤구나'라고 생각하고, 좀 더 신경을 쓰게 됩니다.

3. 개업한 지 얼마나 되었나요?

세무사 합격 후 경력이 3년이 넘어가면 본인의 전문 분야가 최소 1~2개는 생깁니다. 일을 시작한 지 오래되지 않은 사람, 혹은 전문 분야 없이 중구난방으로 일한 사람일 때 이 질문에 당황할 수밖에 없습니다.

4. 이 업종에서 기장은 해봤나요?

세무사에게 기장은 어려운 일이 아닙니다. 한 번도 안 해 본 업종이라 하더라도 기본 포맷은 대부분 업종에서 비슷하므로 특이점만 공부하면 금방 습득할 수 있습니다. 그래도 해 본 업종과 해보지 않은 업종에서 업무를 처리하는 능력에는 차이가 있습니다.

현금 매출 누락 들킬까
세무사 교체 곤란?

간혹 현금 매출 누락 때문에 세무사를 바꾸기가 곤란하다고 말하는 분들이 있습니다. 하지만 현금 매출 누락이 많은 걸 안다고 세무사가 그것으로 꼬투리 잡기는 어렵습니다. 간혹 세무사 명의를 대여해서 세무업 하는 사무장이 이런 식으로 협박할 때가 있습니다.

현금 매출을 빠뜨리는 걸 알고 매출을 누락해서 신고했다면, 그 세무사는 세무사 징계양형규정에 따라 수입금액 누락, 부실 기장으로 징계대상이 됩니다. 명의대여 사무장이 아닐까 의심된다면 한국세무사회에 가서 상담받길 권합니다.

나는 과연 몇 등급 거래처일까?

월 기장료 기준으로 10만 원 남짓을 주는 사장님들이라면 C 또는 D 등급의 거래처일 겁니다. 세무대리인들 기준에선 돈 안 되는 거래처지요. 그런 거래처에서 이것저것 물어본다면 마지못해 귀찮은 듯 형식적인 답변을 해줄 겁니다. 필자도 과거에 경험했던 바입니다.

세금 신고가 부가가치세든 종합소득세든 어차피 세법에서 정한 공식대로 이루어지고, 세무대리인들은 사장님들 본인이 제출한 증빙에 근거해서 대리 신고하는 것뿐입니다. 흔히 얘기하는 절세는 본인 스스로 챙기는 것이 가장 중요합니다. 셀프 신고 제대로 배우면 그게 가장 큰 절세입니다.

알고 보면 쉬운
부가가치세 용어

❶ 사업자카드를 홈택스에 등록한다고요?

뜻밖으로 많은 분이 혼란을 느끼는 부분입니다. 세법상 '사업자카드'라는 것은 없습니다. 카드회사들이 마케팅 차원에서 만든 용어일 뿐입니다. 사업자 명의의 모든 카드(신용 또는 체크)는 사업자카드가 될 수도, 안 될 수도 있습니다.

사업용으로 지출한 비용은 무슨 카드이든 공제대상이 되고, 사업용이 아니라면 사업자카드라 하더라도 공제되지 않습니다. 국세청 홈택스에 가면 사업자 카드를 등록할 수 있습니다. 이는 사업용으로 사용하겠다는 의사표시일 뿐입니다. 등록했다고 무조건 공제가 되는 것도 아니고, 등록을 안 했다고 공제가 안 되는 것도 아닙니다. 요컨대 사업용으로 사용했는지 아닌지가 중요합니다.

간단한 예로 운동선수가 사 먹는 보약은 비용 처리가 되지만, 일반음식점 사장님이 먹는 보약은 비용 처리가 되지 않습니다.

❷ 홈택스의 부가세 조회서비스 정보 제공 일정

매달 1일부터 현금영수증 매출, 매입과 화물운전자복지카드 매입 내용이 조회됩니다.

매달 12일부터 전자(세금)계산서 매출, 매입 내용 조회가 가능합니다.

매달 15일부터 그 밖의 신용카드 매출, 사업용 신용카드 매입 내용 조회가 됩니다.

PART 7

실전!
셀프self
신고

1건에 대한 부가가치세 계산

1건의 부가가치세를 계산할 줄 알면 됩니다. 각각을 다 더하면 전체 부가가치세가 나오니까요. 오프라인에서 교육할 때 이 내용을 제일 먼저 합니다. 1건에 대한 부가가치세를 계산해볼까요?

댕굴커피숍 최 사장님, 아이스아메리카노를 2,200원에 팔고, 그 재료비는 1.100원이 들었습니다.
이때 커피 1잔의 부가세는 얼마일까요?
두 가지 공식이 머릿속에서 나올 차례입니다. 이 공식은 책을 덮으면 아른거릴 겁니다.
'부가세 = 매출세액 – 매입세액'
'매출 = 매출액 + 매출세액'

그럼 계산해보겠습니다.

→ 매출 = 매출액 + 매출세액

2.200원 = 2.000원 + 200원

→ 매입 = 매입액 + 매입세액

1.100원 = 1.000원 + 100원

→ 부가세 = 매출세액 – 매입세액

200원 – 100원 = 100원

해서 커피 1잔을 팔았을 때 부가세는 100원입니다. 한 달에
커피를 30잔 팔았다면

100 × 30 = 3.000원.

7월부터 12월까지 6개월간 매월 30잔을 똑같이 팔았다면,

3.000 × 6 = 18.000원.

그럼 내년 1월 25일 댕굴커피숍 최 사장님은 부가가치세
18.000원을 신고·납부하면 됩니다.

절대 어렵지 않습니다. 이제 커피 1잔의 부가세를 '일반과세자
부가가치세 신고양식'에 어떻게 기록하는지 살펴볼까요?

신고내용						
구분				금액	세율	세액
과세표준 및 매출세액	과세	세금계산서 발급분	1		10/100	
		매입자발행 세금계산서	2			
		신용카드, 현금영수증 발행분	3	2.000	10/100	200
		기타 (정규영수증 외 매출분)	4			
	영세율		5			
			6			
	예정신고누락분		7			
	대손세액 가감		8			
	합계		9	2.000	가	200
매입세액	세금계산서 수취분	일반 매입	10	1.000		100
		수출기업수입분납부유예				
		고정자산 매입	11			
	예정신고 누락분		12			
	매입자발행 세금계산서		13			
	그 밖의 공제매입세액		14			
	합계(10+11+12+13+14)		15			
	공제받지 못할 매입세액		16			
	차감계 15-16		17		나	100
납부(환급) 세액 (매출세액 가 - 매입세액 나)					다	100
경감공제세액	그 밖의 경감, 공제세액		18			
	신용카드매출전표등 발행공제		19			
	합계		20		라	
예정신고 미환급 세액			21		마	
예정고지세액			22		바	
사업양수자의 대리납부 기납부세액			23		사	
매입자 납부특례 기납부세액			24		아	
가산세액계			25		자	
차감,가감하여 납부할세액(환급받을세액)다-라-마-바-사-아+자					26	
총괄 납부 사업자가 납부할 세액 (환급받을 세액)						100

먼저, 신고 서식지 번호를 기준으로 무엇을 기록하는지 알아보겠습니다. 관련 없는 칸은 공란으로 두면 됩니다. 금액은 공급가액(금액 ÷ 1.1)을 적습니다. 세액은 공급가액의 10%를 적으면 됩니다.

● <u>1~4 매출을 적는 칸입니다.</u>

1 　세금계산서를 발행한 금액 기록

2 　매입자발행세금계산서의 금액 기록

3 　신용카드 매출분 + 현금영수증 매출분

4 　현금 매출

5, 6 　수출하는 경우에만 기재

7, 12 　예정신고 누락분 기재

8 　대손세액공제

● <u>10~17 매입을 적는 칸입니다.</u>

10 　일반 매입세금계산서의 합계 금액 기록

11 　고정자산을 매입한 비용 기록

13 　매입자발행세금계산서 금액 기록

14 　신용카드로 매입한 금액 기록 + 의제매입 + 재고매입세액 등 기록

16 　공제받지 못할 매입세액이 있는 경우

● <u>18~25 세액공제, 가산금을 적는 칸입니다.</u>

19 　(신용카드 매출 + 현금영수증 매출) × 1.3 %

22 　예정고지 시 납부한 금액 기재

매입처별 세금계산서 합계표

이제 매입처별 세금계산서 합계표를 작성해보겠습니다.

앞선 글에서 커피 한 잔의 부가세를 계산해보았습니다. 이제 7월 한 달의 부가세를 계산해보려고 합니다. 그러려면, 매입처별 세금계산서 합계표를 작성할 줄 알아야 합니다(임대료, 재료비, 공과금 등을 매입세금계산서 형식으로 받았을 때는 이 표를 작성해야 합니다.)

댕굴커피숍 최 사장님이 한 달 임대료가 33만 원, 재료비가 55만 원, 공과금이 11만 원 나왔다는 가정으로 작성해보겠습니다.

매입처별 세금계산서 합계표(을)

2018년 제2기 (7월 1일 ~ 7월 31일)   사업자등록번호- 678-09-12345

번호	사업자등록번호	상호	매수	공급가액	세액
1	234-56-78901	김건물	1	300,000	30,000
2	789-01-23456	댕굴 상회	1	500,000	50,000
3	567-89-01234	대한 전력	1	100,000	10,000
⋮	⋮	⋮	⋮	⋮	⋮

이렇게 거래처별로 '을'을 작성하셨다면, 이젠 합산 개념인 '갑'을 작성해야 합니다.

매입처별 세금계산서 합계표(갑)

2018년 제2기 (7월 1일 ~ 7월 31일)

구분		매입처 수	매수	공급가액	세액
	합계	3	3	900.000	90.000
전자 세금계산서 발급분	사업자번호 발급	2	2	600.000	60.000
	주민등록번호 발급				
	소계	2	2	600.000	60.000
전자계산서 외 발급분	사업자번호 발급	1	1	300.000	30.000
	주민등록번호발급				
	소계	1	1	300.000	30.000

이런 식으로 서식지에 기록하면(재료비, 공과금은 전자세금계산서 발급분, 임대료는 종이세금계산서 발급분으로 가정), 7월분 매입에 관련한 신고는 끝납니다.

신용카드 매출금액 발행금액집계표

이제 신용카드 매출금액 발행금액집계표를 작성해보겠습니다. 7월 한 달 댕굴커피숍의 김 사장님의 한 달 부가세신고를 하기 위해선 매출도 집계해야겠죠. 7월 한 달 신용카드 매출이 4백만 원이고, 현금영수증 매출이 400.000만 원으로 가정해보고 신고양식에 맞게 기록해보겠습니다.

신용카드매출전표 등 발행금액 집계표

2018년 제2기 (7월 1일 ~ 7월 31일)

신용카드매출전표 발행금액 현황			
구분	5 합계	6 신용, 직불·기명식 선불카드	7 현금영수증
합계	4.400.000		
과세매출분		4,000,000	400,000
면세매출분			
봉사료			

서식지에 위 방식으로 기록하면, 이제 매출 집계도 끝났습니다. 그럼 부가가치세 일반과세 신고 서식지에 7월 한 달 부가가치세 신고를 기록해보겠습니다.

7월 한 달의 부가가치세 신고와 서식 기록

이제 댕굴커피숍을 운영하는 최 사장님의 7월 한 달간의 부가세를 계산해봅시다.

이미 매입, 매출은 앞에서 다 구분해 놓았으니, 신고서 표시란에 합산 금액만 적으면 됩니다. 그리고, 신용카드 발행공제를 세액공제 받았습니다(위 사례는 4,400,000원 × 1.3% = 57,200원).

7월 한 달간 매출은 총 4,400,000원(신용카드 4,000,000원, 현금영수증 400,000)

매입은 총 990,000원(임대료 330,000, 재료비 550,000, 공과금 110,000)

주의할 점은 금액란은 매출액을 적는 것입니다(매출 = 매출액 + 매출세액).

<table>
<tr><td colspan="7" align="center">신고내용</td></tr>
<tr><td colspan="4" align="center">구분</td><td>금액</td><td>세율</td><td>세액</td></tr>
<tr><td rowspan="9">과세
표준
및
매출
세액</td><td rowspan="4">과세</td><td>세금계산서 발급분</td><td>1</td><td></td><td>10/100</td><td></td></tr>
<tr><td>매입자발행 세금계산서</td><td>2</td><td></td><td></td><td></td></tr>
<tr><td>신용카드, 현금영수증 발행분</td><td>3</td><td>4,000,000</td><td>10/100</td><td>400,000</td></tr>
<tr><td>기타 (정규영수증 외 매출분)</td><td>4</td><td></td><td></td><td></td></tr>
<tr><td rowspan="2">영세율</td><td></td><td>5</td><td></td><td></td><td></td></tr>
<tr><td></td><td>6</td><td></td><td></td><td></td></tr>
<tr><td colspan="2">예정신고누락분</td><td>7</td><td></td><td></td><td></td></tr>
<tr><td colspan="2">대손세액 가감</td><td>8</td><td></td><td></td><td></td></tr>
<tr><td colspan="2">합계</td><td>9</td><td>4,000,000</td><td>가</td><td>400,000</td></tr>
<tr><td rowspan="8">매입
세액</td><td rowspan="3">세금계산서
수취분</td><td>일반 매입</td><td>10</td><td>900,000</td><td></td><td>90,000</td></tr>
<tr><td>수출기업수입분납부유예</td><td></td><td></td><td></td><td></td></tr>
<tr><td>고정자산 매입</td><td>11</td><td></td><td></td><td></td></tr>
<tr><td colspan="2">예번신고 누락분</td><td>12</td><td></td><td></td><td></td></tr>
<tr><td colspan="2">매입자발행 세금계산서</td><td>13</td><td></td><td></td><td></td></tr>
<tr><td colspan="2">그 밖의 공제매입세액</td><td>14</td><td></td><td></td><td></td></tr>
<tr><td colspan="2">합계(10+11+12+13+14)</td><td>15</td><td></td><td></td><td>90,000</td></tr>
<tr><td colspan="2">공제받지 못할 매입세액</td><td>16</td><td></td><td></td><td></td></tr>
<tr><td colspan="3">차감계 15-16</td><td>17</td><td></td><td>나</td><td>90,000</td></tr>
<tr><td colspan="5">납부(환급) 세액 (매출세액 가 - 매입세액 나)</td><td>다</td><td>310,000</td></tr>
<tr><td rowspan="3">경감
공제
세액</td><td colspan="2">그 밖의 경감, 공제세액</td><td>18</td><td></td><td></td><td></td></tr>
<tr><td colspan="2">신용카드매출전표등 발행공제</td><td>19</td><td>57,200</td><td></td><td></td></tr>
<tr><td colspan="2">합계</td><td>20</td><td></td><td>라</td><td>57,200</td></tr>
<tr><td colspan="4">예정신고 미환급 세액</td><td>21</td><td>마</td><td></td></tr>
<tr><td colspan="4">예정고지세액</td><td>22</td><td>바</td><td></td></tr>
<tr><td colspan="4">사업양수자의 대리납부 기납부세액</td><td>23</td><td>사</td><td></td></tr>
<tr><td colspan="4">매입자 납부특례 기납부세액</td><td>24</td><td>아</td><td></td></tr>
<tr><td colspan="4">가산세액계</td><td>25</td><td>자</td><td></td></tr>
<tr><td colspan="4">차감,가감하여 납부할세액(환급받을세액)다-라-마-바-사-아+자</td><td>26</td><td></td><td>252,800</td></tr>
<tr><td colspan="6">총괄 납부 사업자가 납부할 세액 (환급받을 세액)</td><td>252,800</td></tr>
</table>

계산해보면, 7월 한 달간의 부가세는 252,800원이 계산됐습니다. 매달 부가가치세를 계산하는 습관이 절세의 지름길입니다.

간이과세자일 때
한 달 부가세 신고와 서식 기록

이번엔 간이과세자일 때 한 달 부가세신고와 서식을 기록해보겠습니다. 앞 사례와 매입, 매출이 똑같다는 전제로 간이과세 방식으로 신고서를 작성해보겠습니다.

간이과세는 매입, 매출 계산 시 업종별 부가가치율을 곱해서 계산한다는 점에 주의하세요. 사례는 음식점업이기에 부가가치율이 10%입니다. 신용카드세액공제율은 음식점업 간이과세가 2.6%로 적용됩니다.

구분				금액	부가가치율	세율	세액
과세 표준 및 매출 세액	과세분	전기,가스, 및 수도사업	1		5/100	10/100	
		소매, 판매, 음식점업	2	4,000,000	10/100	10/100	44,000
		제조, 숙박, 운수, 통신	3		20/100	10/100	
		건설, 부동산 임대업, 서비스	4		30/100	10/100	
	영세율 적용분		5				
	재고납부세액		6				
	합계		7			가	44,000
공제 세액	매입 세금계산서 등 수취세액공제		8	900,000			9,000
	의제매입세액공제		9				
	매입자 발행 세금계산서 세액공제		10				
	전자신고 세액공제		11				
	신용카드 매출 전표 등 발행세액공제		12				114,400
	기타		13				
	합계		14			나	123,400
매입자 납부특례 기납부세액			15			다	
예정고지 (신고) 세액			16				
가산 세액	미등록 및 거짓등록 가산세		17				
	신고 불성실	무신고 (일반)	18				
		무신고 (부당)	19				
		과소신고 (일반)	20				
		과소신고 (부당)	21				
	납부불성실 가산세		22				
	결정, 경정기관 확인 매입세액 공제가산세		23				
	영세율과세표준 신고불성실가산세		24				
	매입자 납부특례	거래개좌미사용	25				
		거래개좌지연입금	26				
	합계		27			라	
차감 납부할 세액 (환급받을세액) 가-나-다+라			28				(79,400)

똑같은 매출과 매입 사례를 간이과세사업자로 신고했더니, 환급금액이 83,400원이 발생합니다. 그러나, 간이과세는 환급받을 수 없으므로 0원입니다. 납부세액이 없더라도 신고는 반드시 해야 합니다.

참고 문헌

_______ 세무사 사용설명서(라온북, 김인하)

_______ 2018 세금 완전정복(어바웃어북, 택스워치)

_______ 사업하기 전에 회계부터 공부해라(지와수, 김민철)

_______ 개인 창업 법인창업 쉽게 배우기(한스미디어, 박평호)

_______ 사업하기 전에 세무부터 공부해라(지와수, 김진)

_______ 세금, 알아야 바꾼다(메디치미디어, 박지웅, 김재진, 구제이)